KSSS 1830–2005

INGER ALFVÉN, SVEN BARTHEL, BENGT JÖRNSTEDT,
LENNART KOSKINEN, ERLING MATZ, ROGER NILSON,
CHRISTINE SALÉN OCH STAFFAN SJÖBERG

SEGLINGENS VÄSEN

Bokförlaget Max Ström

First Hotels
First Hotels
First Hotels

AUT
1012
SLO
RUS
CAD
831
GER
11404
DEN

SWE47000

106

870
863
907
581
875
860

PRACTICAL YACHT RACING
PRACTICAL YACHT RACING

S-171
TARANTELLA

FÖRORD

”Segelbåten är frihetens instrument. Den frihet som innefattar nödvändigheten att avstå från klocka och almanacka och uppgjorda planer. Den frihet som är naturens och barnets, där nuet är ensamt härskande, vars gräns är horisonten.”

Dessa klassiska ord är skärgårdsförfattaren Sven Barthels, och även om de skrevs för femtio år sedan, har de ännu större tyngd i vår jäktade tidsålder. Segling ger oss harmoni och närhet till naturen, men kan också vara fylld av äventyr och utmaningar. Och det är här, i spannet mellan den avkopplande skärgårdsseglingen och den intensiva kappseglingen, som seglingens själ ryms.

KSSS är Sveriges äldsta och världens femte äldsta segelklubb och under de 175 år som gått har mycket hänt. Båtarna har utvecklats, seglen har blivit lättare och vi håller högre i vind. Ändå är det samma längtan som driver oss ut på sjön, då som nu. Det är i samma vatten vi kappseglar och i samma skärgårdsvikar vi finner natthamn. Seglingen är tidlöst förankrad i vinden och vattnet.

Vi vill med denna bok skildra seglingens väsen och därmed spegla det som är grunden för KSSS hela verksamhet. Och om den läses hemma i fåtöljen är det vår förhoppning att boken ska bli lite av en själens seglats.

Jacob Wallenberg
ORDFÖRANDE, KSSS

FORMGIVNING: Mikael Engblom
REDAKTÖR: Staffan Sjöberg
PROJEKTREDAKTÖR: Charlotta Broady
REDAKTIONSRÅD: Henrik Baltcheffsky, Thomas Gross, Olle Jo, Bengt Jörnstedt, Anders Nordquist, Magnus Odin, Carl-Gustaf Piehl och Jeppe Wikström
BILDREDAKTÖR: Ann Olsén
REPRO: Linjepunkt, Falun 2005
TRYCK OCH BINDNING: Graphicom, Italien 2005
ISBN 91-7126-032-3

INNEHÅLL

TIDERNAS SEGLING

ERLING MATZ

I över 200 år har vi seglat bara för nöjes skull. Båtarna har varit stora och små, smala, breda, lätta eller tunga. I trä och plast. Typerna har varierat, men känslan har varit densamma genom seklen: glädjen att segla.

Föregående uppslag: Typisk amerikansk 1800-talsskonare för lustsegling. Det var Amerika som dominerade kappseglingen, och 1851 instiftades America's Cup.

Sveriges båthistoria börjar med haveri, sjönöd och sånär konstitutionell kris. Det är fredagen den 3 juli 1778 och platsen är Karlskrona. Båten heter "Amphion" och är Gustav III:s lustskonert. Hon är vår första fritidsbåt, för att använda ett könlöst byråkratiskt ord uppfunnet av en statlig utredare på 1970-talet.

"Amphion" är byggd enbart för lust och är ritad av 1700-talets mest lysande svenske skeppsbyggmästare, Fredrik af Chapman. Under ett smäckert bogspröt spelar Amphion, Zeus son, på lyra. Amphion kunde, enligt mytologin, spela så att döda ting fick liv. Ett gott omen för Båtsverige.

Skrovet på kungens skonert är rokokoblått, kajutan är utsmyckad som ett slottsgemak och akterspegeln är ett fyrverkeri av bladguld och ornament. Akterkrönet pryds av kungens namnchiffer och i mitten sitter ett strålande ansikte. Kungens eller Amphions? Det är upp till betraktaren. Akterspegel och kajuta finns bevarade på Sjöhistoriska museet i Stockholm, så den intresserade kan själv bilda sig en uppfattning.

Men nu är det alltså fredagen den 3 juli 1778 och "Amphion" lägger ut för sin jungfrutur. Ombord finns kungen själv med uppvaktning. Med är också tre små transportfartyg lastade med mat, vin och annat nödvändigt. Målet är Stockholm, tvåhundrafemtio sjömil bort.

Redan på yttre redden, vid kanontornet Godnatt, inträffar det första haveriet. En vindby knäcker "Amphions" storgaffel. Axel von Fersen, som är med ombord, rapporterar: "Kungen blev av detta missöde på ett strålande humör. Och vill nödvändigtvis fortsätta."

På öppet vatten inträffar nästa olycka. Den lilla eskadern går inte att hålla ihop. Transportbåtarna kan gå högre i vind, och snart guppar "Amphion" ensam söder om Öland. "Hon seglar lika bra som en förgylld träsko", sa man senare. Utan proviantfartyg blir den kungliga menyn torftig och von Fersen klagar bittert: "Torkad fisk och ärtsoppa till morgon, middag och kväll."

Men det ska bli värre. Efter flera dygn till havs angör "Amphion" Stockholms skärgård vid Öja. von Fersen igen: "En stormvind i seglen lade fartyget på sidan, årorna (som man hade använt för att försöka ta sig förbi en udde) kunde ej i hastigheten upptagas och fartyget höll på att kantra när en annan kastvind, från motsatt håll, reste det upp igen. Kungen, som denna gång fått avsmak för sjöresan, steg iland vid Dalarö och återvände till Drottningholm med skjutshästar."

Så slutar alltså vår första lusttur till sjöss. Drottningholm blev sedan "Amphions" hemmahamn. Oftast ligger hon för ankar. Hon blir plattform för fyrverkeri, spektakel och upptåg. Den 22 juli 1779 är det drottning Sofia Magdalenas namnsdag och Bellman slår ett A-durackord på sin luta:

Morgonsolen präktigt strimmar
Skogen dagas långt ifrån,
Och på vattnet Amphion
Med sin gyllne lyra simmar
Under trumslag, sång och skott.

"Amphions" vidare öden är dramatiska och har inget med lust att göra. Hon riggas om och blir stabsfartyg under de svenska sjötågen mot Ryssland 1788–90. På 1850-talet degraderas hon till kolerakarantän vid Furusund.

Men då, 1850, hade andra lustseglare börjat kryssa i skärgården. Svenska Segel Sällskapet, dagens KSSS, grundades 1830. År 1850 hade Sällskapet åttiosex medlemmar. Medlemmarnas speljakter, som man kallade nöjesbåtar på den tiden, var inte lika överdådiga som gamla "Amphion" men gigantiska med dagens mått mätt. Löjtnant Fredrik Rosenborg, medlem nummer tio,

"Amphion" var hög och rank; under en stormby utanför Öja höll hon på att kantra med kung Gustav III ombord. Oljemålning på Sjöhistoriska museet.

bjöd ut sin "Piraten" till försäljning i Aftonbladet. Annonsen ger en god bild av de första nöjesbåtarna. Så här beskrev han sin båt:

> Piraten är en heldäckad skonert av omkring sju lästers dräktighet (18 ton), på kravell byggd, hel och hållen i ek och med kopparnitnaglar, inredd till lustfartyg på det bekvämaste med åtta sängrum, salong, där åtta personer kunna sitta till bords, sängkammare, kajuta, kajutgång, akterskans, förrum för 2:ne man, skafferi, garderob och omkring 20 skåp, alltsammans väl målat och kopalfernissat. Av tillhörande möbler och husgeråd nämnas kabyss med kokkärl, soffor, speglar och bord av mahogny, stolar, madrasser endast av tagel, glas, porslin m m. Seglen äro av fyrskaftad väv och därigenom särdeles täta samt utom vanliga segel och tackling alla inventarier såsom tvenne ankaren, järnkätting, tross, varplina, flaggor, kompass, loggglas, kikare, flera sjökort, ett högst få gånger brukat suntält med djupa sidor, bredfock m m. Fartyget är en god seglare, förhåller sig utmärkt i större sjö och kan manövreras av två man.

Typisk rakstävad kutter. Oljemålning på Sjöhistoriska museet. Så såg båtarna ut från mitten av 1800-talet fram till 1890.

Dåtidens stora nöjesbåtar, skonerter och rakstävade engelska kuttrar var oftast konverterade yrkesfartyg eller byggda på samma ritning. Att segla dem krävde yrkeskunnigt folk till rors, i fall och skot, som navigatörer och som roddare. Inte minst det senare var viktigt då Segel Sällskapets eskader skulle in till hemmahamnen på söndagskvällen. Att ro de mellan tjugo och trettio ton tunga båtarna in till Stockholm var slitsamt också för valkiga sjömansnävar. År 1848 kom en ångbåt till hjälp och Sällskapets protokoll berättar om gastarnas glädje:

> Denna utmärkta artighet besvarades med ett nästan ändlöst jublande och hurrande av de ombord å chefsskeppet församlade gästerna, särdeles av besättningarna, varav en del på knä tackade för detta hederliga handtag, varigenom de befriades från en lång och mödosam rodd.

Redan under de sista decennierna av 1800-talet hade svensk nöjessegling utvecklat de två linjer som gäller än i dag: kappsegling och turistsegling, eller långfärdssegling och familjesegling, med modernare ord.

Kappsegling formades redan från första början av en önskan om rättvisa och fart. Det ledde till mätregler som Thamesregeln, Seawanhakaregeln, Dixon Kempregeln, internationella R-regeln, skärgårdskryssarregeln,

Östersjöregeln, Svenska havskryssarregeln, RORC, IOR, IMS och många fler.

Båtar byggda i huvudsak för kappsegling blev långa och smala, eller korta och breda. De blev djupa och tunga eller hade minimal våt yta. Storseglen var stora och förtriangeln liten, eller tvärt om: små storsegel och stora försegel. Båtarnas utseende styrdes helt av regeln och av försöken att kringgå den.

Kreativa konstruktörer som Gunnar Mellgren, August Plym och Gustaf Estlander byggde till exempel redan kring sekelskiftet fenkölsracers med förbluffande moderna linjer: delat lateralplan, flat botten, djup tung bulbköl, stor bredd i förhållande till längden och mycket segel. Inspiration hämtades från USA, Kanada och England.

Rättvisa och fart är positiva, värdeladdade begrepp och grundläggande för kappsegling. Här hittar vi äldre båttyper som fortfarande kappseglar aktivt i Sverige: skärgårdskryssare, internationella R-yachter, Starbåt, Drake, Folkbåt och mälarklasserna ... Några exempel från plastbåtsåldern är halvtonnarna Ballad och Scampi. Hit kan också räknas Express, H-båt, Safir, J-boats och andra typer med aktiva klassförbund. Båttyper som befinner sig någonstans i segmentet mellan kappseglare och familjeseglare, men som marknadsförs

Föregående uppslag: Den snabba båten är "Ester", byggd 1901. Jämför med den långsamma kostern i bakgrunden.

Tidigt 1900-tal såg lustseglingen utvecklas. Nedan: OS-seglingarna i Nynäshamn 1912. T h: "Båtliv med familjen Thorsell", upplyser originalbildtexten från 1915. De seglade ofta i Furusund, och alla i familjen hade sin egen båt.

med hjälp av kappseglingsresultat är till exempel X-yachts, Arcona och Diva. För familjesegling och långfärdssegling är inte alltid mätregler, rättvisa och fart honnörsord. Båtar som konstrueras enbart efter kappseglingsregler är inte sällan obekväma och ohanterliga som familjeseglare – även om många uthärdar, det måste erkännas. Att stå på knä och laga mat och ligga i kojen och dra på sig byxorna är regel i de långa och smala båtar som byggdes enligt skärgårdskryssarregeln och R-regeln. Men det finns ju bekvämare sätt att leva ombord. RORC-regeln premierade stora försegel, som på Scampi. De är ett helvete för familjeseglare under kryss i smala skärgårdssund.

Också den andra huvudlinjen i Båtsverige, båtar byggda för turistsegling, långfärdssegling och familjesegling, formades under senare hälften av 1800-talet. Där var enkelhet, bekvämlighet och sjömanskap honnörsord. Intressant är att jämföra Sveriges två första läroböcker i segling. Den ena heter *Yachter och Yachtsegling* och är författad av William Cooper under pseudonymen Vanderdecken – namnet förmodligen inspirerat av den fördömde skepparen på spökskeppet "Den flygande holländaren" – och utgavs år 1865 av Edward Cederlund, hedersledamot i KSSS. Den andra heter *Om båtar och båtsegling* och är författad av sjöofficeren Carl Smith år 1873.

Edward Cederlund ägde själv flera stora segelyachter: "Gurly", "Mathilda", "Vanadis", "Arla" och dessutom ångjakten "Edda". Han riktade sig till likasinnade, och Coopers bok har som utgångspunkt en segelyacht på femtio ton och vad som krävs för att kappsegla och hantera en sådan. Här finns många nyttiga råd till "unge män, som sträva att vinna ära på böljan blå". Och det trygga tema som löper genom boken är: "Sjömän duger till allt utom till ammor."

Yachter och Yachtsegling är en förbluffande modern bok som behandlar ämnen som båtvård, navigation, trim och kappsegling. Den handlar också om vikten av att ha en prydlig besättning:

> Folkets beklädnad bör utgöras av blå klädeströja, dito byxor, blå ylleskjorta, gjord efter örlogsmodell, med stor krage, vid om livet och med ärmarna uppvikta vid handloven. Vidare bör de ha små nätta stråhattar, överklädda med vaxduk, så, att underkanten på brättena icke är täckta, ty återskenet av den vita flätningen på mannens ansikte giver detsamma ett glatt, frimodigt uttryck.

Utan att ironisera kan man dra en parallell till dagens kappseglingsuniform med tröjor, shorts och sjöställ från Musto, Henri Lloyd och de andra.

Vett, etikett och vårdad, vit klädsel var honnörsord i dåtidens seglarkretsar. Prins Axel av Danmark utför sina morgonbestyr ombord i juli 1932.

Lemchens "Pallakis" från 1893. Den första lilla långfärdsbåten. Ritad av Carl Smith.

Och vad skriver då i stället långfärdsseglingens fader, Carl Smith?

> Om du vill bliva konstnär i båtsegling, så tag ej en allt för stor båt, ty endast i en liten båt kan du förvärva dig den skärpta uppmärksamhet och påpasslighet som är nödvändig i vad slags farkost som helst, om den skall skötas rätt och med trygghet.

Här handlar det alltså om en mycket liten båt där varje del är maximalt utnyttjad. Ett exempel är lilla "Pallakis" som i dag, liksom "Amphion", finns på Sjöhistoriska museet i Stockholm. "Pallakis" ritades av Carl Smith för Christofer Lemchen och sjösattes midsommarafton 1893. Hon är 6,90 meter lång och 1,80 meter bred. Ritningarna är minutiöst utformade. Här finns speciella skåp, lådor och utrymmen för det mesta en seglare kan behöva: "Snyggningspersedlar och ljus, spetsglas och tvättfat, gasolja, färg och fernissa, skor, torkad frukt, pilsner och bomullstrassel ..."

Lilla "Pallakis" skulle, vad gäller stuvutrymmen och fiffiga lösningar, kunna tjäna som mall för många moderna seriebyggen i 40-fotsklassen. I Svenska Turistföreningens Årsskrift 1913 beskriver Lemchen sina tankar:

> På långfärd ska hon erbjuda åt mig själv och åt en vän en så pass god "Unterkunst" att ingen av oss ska behöva börja resan med att önska att den väl vore slut, och till söndags-eftermiddagsegling ska hon kunna föra några stycken stillsamma passagerare utan att de vid hemkomsten ska behöva känna sig ömma i kroppen av otillbörlig klämning.

Visst låter det som ett bra koncept för en familjeseglare också i dag. Traditionen från Carl Smith har förts vidare av konstruktörer som Tore Herlin, Tord Sundén, Åke Améen, Arvid Laurin, Per Brohäll och Olle Enderlein, Lars-Olof Norlin, Håkan Södergren och Pelle Peterson. Arvtagare till "Pallakis" är i dag i första hand de båtar som byggs på Orust: Hallberg Rassy, Najad, Malö med flera. Det är båtar som kan seglas utan att man behöver känna sig öm i kroppen av otillbörlig klämning.

Om man tittar på det tjugotal svenska varv som bygger segelbåtar i dag är det familjesegling och långfärdssegling som dominerar. Även om en del också gäller kappsegling. Låt oss därför välja ut två båtar som speglar svenskt båtliv i går och i dag, en plastbåt och en träbåt. Två värdiga representanter för Båtsverige. Ett svårt val? Egentligen inte! Efter lite tanke kommer nog

många fram till samma val: Folkbåt och Maxi 77. Ingen av dem är ny men de är representanter för den tid då båtlivet var som allra mest expansivt i Sverige, alltså 1940-talet och 1970-talet. De bygger på samma förutsättningar och har nästan exakt samma mått. Båda är än i dag aktiva kappseglingsklasser och populära familjebåtar. De kom, de sågs, de segrade. Och ändå är de så olika. Vi börjar med Folkbåten.

En kväll 1940 satt kappseglaren, redaren och ordföranden i Svenska Seglarförbundet, Sven Salén, och kläckte idéer tillsammans med några seglarvänner. Så här skriver han i sina memoarer om hur tankarna löpte:

> Vi borde ta fram en billig båt, en oöm båt, ett slags flytande sommarstuga, sade jag. Det skulle kunna bli en hela folkets båt. De övriga i sällskapet höll med. Efter en konstruktionstävling, där inget förstapris delades ut, sammanställdes ritningarna till hela folkets båt av Tord Sundén. Det blev en båt med måtten 7,64 x 2,20 och redan första året, 1942, seglade sextio båtar. Priset för en färdig båt var 3 100 kr. Många segelklubbar hade Folkbåtar som lottbåtar de närmaste åren och priset var det rätta.

Legendariskt seglargäng ombord på "Mariska" i Hangö 1933: fr v Lennart Ekdahl, Evert Taube, Sven Salén och Tore Holm.

Folkbåten blev en av Nordens mest populära familje- och kappseglingsbåtar. Här en dansk Folkbåt i hård kryss vid skandinaviska vänskapsseglingarna i Köpenhamn 1953.

Trettio år senare satt Pelle Petterson med några kompisar och kläckte idéer: "Vi ville ta fram en billig båt, en oöm båt och praktiskt inredd båt. En båtarnas Volkswagen. Så föddes maxi-begreppet. Det skulle vara en maximal båt vad gäller utrymme och samtidigt maximalt billig."

Maxi 77 fick måtten 7,70 x 2,50 och efterfrågan var redan från början häpnadsväckande. Pelle Petterson igen:

> Mest var det frågan om att ordna köerna. Priset låg från början på 30 000 kronor för en fullt rustad båt. Eftersom priserna ständigt gick uppåt gav vi tveksamma kunder ett helt unikt erbjudande. Köp båten i vår och lämna tillbaka den i höst, sa vi. Du får tillbaka hela köpesumman plus femtusen kronor. Men det var få som utnyttjade erbjudandet.

Förståsigpåare fnyste åt Folkbåten när den kom, liksom åt Maxi 77:an. "Den ser inte ut som en båt", sa de. Västkustseglarna tyckte att Folkbåtens raka, platta akter såg konstig ut. En riktig västkustbåt ska vara spetsgattad och rund som en koster. Ostkustseglarna var vana vid smäckra, långa och snabba

Folkbåtens arvtagare, Maxi 77:an, ansågs ful när den lanserades men blev populär och såldes i fyratusen exemplar på bara några år.

skärgårdskryssare. ”Att segla Folkbåt är som att gå i land på en holme”, sa de.

Pelle Petterson, den gamle industridesignern, fick ta emot mycket stryk för Maxi 77:an: ”Inte ens jag tyckte att båten var särskilt vacker från början”, bekänner han i dag. Men det var inte det som var själva idén.

Alla konstruktörer kan rita vackra båtar, men det är inte det som är grejen. Allting är kompromisser och den ideala kompromissen köper folk. Maxi 77:an måste ha närmat sig detta ideal. Det var verkligen det glada sjuttiotalet.

Industridesignern som blev vår tids främste svenska båtkonstruktör: Pelle Petterson.

Vilken är då dagens folkbåt – och morgondagens? Svaret blir nog: det finns ingen. Nybyggda små båtar är för dyra jämfört med begagnade. Och båtar på 36 fot och mer är alldeles för dyra för att sälja i massupplagor. Maxi 77 såldes i fyratusen exemplar på bara några år! Det är oslagbart i Sverige inom överskådlig tid.

En kvalificerad gissning är alltså att när KSSS fyller tvåhundra år 2030, kommer folkets båtar fortfarande att heta Folkbåt och Maxi 77 även om antalet större, nybyggda båtar naturligtvis är fler. Båtar i glasfiberarmerad plast har en sällsynt förmåga att vägra bli gamla. Somliga säger att de kan bli tjugotusen år. Eller som Pelle Petterson uttrycker det:

> Problemet med plastbåtar är att de håller för länge. Det vore bättre om de rostade ner precis som bilar – ur båtproducenternas vinkel alltså.

Det betyder att det i dag, och under åren framöver, kommer att finnas en mängd mindre båtar till mycket överkomligt pris. Aldrig tidigare har ungdomar kunnat köpa bra båtar så billigt som i dag – och så kommer det förmodligen att se ut i framtiden också. Det är glädjande för den som älskar livet i båt. Christofer Lemchen uttryckte det redan för etthundra år sedan:

> Mången tror, att segling är ett icke allenast farligt utan även dyrt och osäkert sätt att komma fram. Faran är dock icke större än vid användandet av andra fortkomstmedel i okända trakter, och vad kostnaden angår vill jag, stödd på mångårig erfarenhet, försäkra, att det icke finnes något billigare sätt att turista än i segelbåt. Hemligheten ligger i att icke välja en större båt, än att man förmår sköta den själv, i bästa fall med lite handräckning av en god vän, och att inreda den så praktiskt och bekvämt, att man icke ständigt behöver söka nattkvarter och lagad mat i land.

SLIT, SLUMP OCH STRATEGI

BENGT JÖRNSTEDT

Gotland Runt ... Det pirrar i magen av förväntan. Det här är pokergivens stund, korten delas ut. Bordet är rent, alla misstag fortfarande ogjorda. Nu gäller det bara att segla smart och någonstans under resans gång plocka fram ett vinnande kort.

Arved "Greven" von Gruenewaldt firar segern på regattamiddagen. Hans "Fantast" vann klass III i Gotland Runt år 1978.

Först hör vi skratten och skrålet. Det har börjat ljusna. Sandhamn ligger alldeles tyst och öde – bortsett från detta ljudliga firande, som klingar aningen för välbekant ...

Vi tror inte våra öron, det är ju Grevens omisskännliga gnäggande som genljuder i sommarnatten! Kan det verkligen vara sant? Omöjligt, "Fantast" var ju avhängd redan vid Gotska Sandön för ett par dygn sedan!

Men visst. Där ligger hon ju, hur tydlig som helst vid pontonen bortom bensinbryggan. "Fantast" med sitt ljust blåa skrov. Och en sittbrunn som flödar av skumpa och whisky när skippern Magnus Ahnmé, Arved "Greven" von Gruenewaldt och de andra firar för, bokstavligen, fulla muggar. De har världens bästa anledning att vara glada, för de har just vunnit Gotland Runt.

Nu fattar vi varför "Knock on Wood" nyss bara fick ett tut ute vid Skanskobben, inte det målskott både hon och vi räknat med. I tre dygn har "Knocken" och vi på "Stress" duellerat ute på havet. Sida vid sida, sjömil efter sjömil, med konkurrenterna under horisonten. Inklusive "Fantast". Senast vi hörde av henne var vid Ölands norra grund, då en av grabbarna VHF-pratade med frugan via Stockholm Radio, den tidens beställda privatsamtal där hela världen kunde lyssna in. Frun hade hört att "Stress" och "Knock on Wood" rundat Hoburgen flera timmar före "Fantast", så hur gick det egentligen, Calle? Allt väl ombord? Hon lät glad och glättig, som fruar gör när de talar med sina tappra seglarkarlar och inte bryr sig särskilt om positionerna där ute på böljorna.

Calle, mulen som en novemberhimmel, svarade enstavigt. Han hade ingen lust att småsnacka i radion, anade nog att vi på "Stress" satt och tjuvlyssnade.

Vilket vi gjorde. Och ju mulnare Calle lät, desto roligare hade vi.

Det var då det. Nu ligger hon här, "Fantast", först i mål. Vinnare i Gotland Runt. Det är tidig morgon i Sandhamn, men procenten har redan nått munhöjd på grabbarna ombord. Tongångarna är inte nådiga när först "Knocken", sedan "Stress" – de bägge segerkandidaterna! – glider förbi. Det är med möda vi lyckas tänja på smilbanden – "Bra gjort gubbar, grattis!" – och vi vinkar lite halvhjärtat.

Vilken antiklimax.

Och så typiskt Gotland Runt!

Det var, ärligt talat, inte första gången det gick på det viset. I Gotland Runt tillhör det spelet. Några år tidigare, med en Norlin 34, inträffade samma sak. Bara ännu värre.

"Knock on Wood", segrare 1979 och 1984, strax före målgången i Sandhamn 1984.

I ett anfall av hybris hade jag satt sex pannor whisky på att vi skulle spöa vår finska systerbåt "My". Hennes skeppare Ingemar Lindberg, alltid oföränderligt cool, sög på sin illaluktande cigarill och antog självklart utmaningen:

– Joo, nog går vi med på det, ännu.

Och så ut och segla om saken. Runt Gotland motsols den gången och hem igen via en sväng runt Svenska Björn. Efter Gotland hade det blivit en rejäl spridning av fältet i sidled, och läget var aningen svårt att överblicka.

Men vi hade gått bra, tyckte vi. Nu låg vi havet före klungan, och från Björnen och hem var vi inbegripna i en rent privat duell om segern med den enda återstående konkurrenten. Att hon till slut höll undan för oss var ett nederlag som sved, men jag kunde ju trösta mig med mina sex sjuttisar, om nu "My" bara orkade masa sig i mål nån gång.

Redan vid Skanskobben borde jag ha fattat att något var galet. Bara två ynka tut, ett för vinnaren och ett för oss. Inget skott. Och inåt klubben till tycktes det vara ovanligt gott om master. En riktig skog, i själva verket ...

Mina allt mer onda aningar bekräftades snart av en skarpsynt medseglare. Väl insatt i den tunga vadslagningen sade han nästan muntert:

Under några år kring 1980 var Jan Pehrsons tre olika "Midnight Sun" – 40, 50 respektive 80 fot långa – givna segerkandidater i Gotland Runt. Något som inte minst författaren fick erfara ...

– Kolla, Benga, där ligger ju "My"!

Jag hade inga brillor på den tiden, var alltid den som såg rundningsmärkena sist, och nu kisade jag in mot båtparaden vid klubben. Ja, banne mig, där låg hon! Men hoppet är det sista som överger inte minst seglaren, och jag utbrast:

– Men ... hon har ingen mast! Hon har tappat masten – hon har brutit!

Inte f-n hade hon tappat masten. Ingemar Lindberg fick, omsider, sina sex flaskor. Själva fick vi nöja oss med att bli femma.

Östersjön är större än man tror. Så stor att ett Gotland Runt alltid kan sluta lite hur som helst. Överraskningar av det här slaget tillhör vanligheterna. Ibland lurar man sig själv, ibland blir man lurad av andra.

Med "Fantast" föll vi från tvåa till trea i klassen, inte lika kännbart som när man räknat med att ta spiken. Vilket vi gjorde året efter ...

Det var Admiral's Cup-år, och en av klasstriderna i Gotland Runt utkämpades mellan två av de blivande lagmedlemmarna, 50-fotaren "Midnight Sun" och vår 42-fotare "Big Shadow". Med så olika storlek på båtarna kunde den mindre komma flera timmar efter på seglad tid och ändå vinna seglingen.

Vilket vi alltså gör. Vi går i mål i gryningen. Vinden är svag och det är lugnt i Sandhamn så här dags, en upprepning av fjolårets "Fantast"-morgon. Med den skillnaden att vi den här gången är vinnare, med full koll på läget. Att vi inte får skott är helt i sin ordning, det tillfaller alltid första båten i mål.

"Midnight Sun" har gått i mål några timmar tidigare, hennes höga vita mast är väl synlig inne i Sandhamn. Men kampen om tiden vinner vi, det är vi helt på det klara med efter en intervju med 'Solen-grabbarna' i Radio Stockholm ett par timmar tidigare.

Därför är det en smula egendomligt när några av dem kommer fräsande i en liten utombordare och möter oss vid Skanskobben, vilt tjoande och skrattande. Förvånansvärt lyckliga över sin andraplats, tycker vi nog. Men det är klart, en av killarna i båten är Mange Olsson – senare ett av våra stora Whitbread- och Volvo-proffs – och han är ju alltid smittsamt glad, och tycker säkert det är kul att "Skuggan" vunnit.

Vid stora bryggan ligger "Midnight Sun" och blänker i morgonsolen. Gubbarna går omkring med champagneglas och ler breda leenden. Vi ler tillbaka, trycker händer och tackar för uppmärksamheten.

– Grattis, Benga! säger "Midnight Suns" ägare Jan Pehrson, som just inhöstat en andraplats och är strålande lycklig.

S-10000
S-10000

– Grattis själv! svarar jag generöst.

Hygglig prick, tänker jag, som vet hur gärna Pehrson hade velat vinna Gotland Runt med sin nya fina båt. Men vid det här laget börjar jag ändå ana ugglor i mossen – det är något som inte står rätt till. Här har vi två stora, helnöjda besättningar när det bara borde vara en. Jag smyger bort till Hasse Landén, en av vapendragarna på "Big Shadow".

– Det är något skumt här, Hasse, på tok för mycket tjo och tjim. Jag undrar om vi verkligen har vunnit.

Och det hade vi naturligtvis inte.

En snabbkoll uppe på regattaexpeditionen avslöjade faktum. 'Solengrabbarna' hade mörkat vid radiointervjun och angett tidsfaktorer som inte stämde. Intervjuaren hade ingen koll på kryptiskt seglarsnack om respiter och mätetal, och den desinformation Sveriges Radio skickade ut i etern svalde vi med hull och hår ute på havet.

Så när solen går upp över "Midnight Sun" denna morgon sänker sig en skugga över "Big Shadow". Men det var bagateller i långa loppet; halvannan månad senare låg vi båda ute på Atlanten och seglade Fastnet Race i rykande storm, den ödesdigra augustinatt 1979 då femton seglare omkom i vågorna. Den gången var etertrafiken på blodigt allvar; en annan, grymmare sida av havskappseglandet.

Hård sträckbog ut mot Almagrundet. Nästa startfält skymtar vid horisonten.

Konkurrentspaning på länsbogen: bara de inte hinner i kapp oss före målgången ...

Ovissheten präglar de långa havskappseglingarna. Gotland Runt är ungefär fyrahundra sjömil och brukar ta tre dygn att segla för vanligt folk. Man far kors och tvärs över halva Östersjön, med Gotland någonstans i mitten, och inte alla gånger har man riktig koll på läget.

Detta tillhör tjusningen med havskappsegling. Allting spelar spratt: taktik och strategi, vindar och strömmar, ljus och mörker. Under några dunkla nattimmar förvandlas konkurrenterna till en rödgrönvit, oidentifierbar lanternröra. Ju färre vita ljuspunkter man ser, desto bättre, eftersom de i så fall är akterlanternor på båtar som ligger framför.

En vit lanterna som blir allt svagare är emellertid ett illavarslande tecken; man är på väg att bli frånseglad. Varför? Vad är det som händer? Fram med ficklampan, lys på seglen, lys på Windexen i masttoppen. Båten känns död, vi måste göra nåt! Har vi rätt segel uppe? Är det rätt skotat? Spring ombord. Rorsman störs, farten störs, nu går det ännu långsammare ... Vinden vrider emot, ner med spinnakern igen! Hundra kvadratmeter nylon ska tas in, genuan är bara halvt hissad, båten stampar – åh, gud vad segt det känns!

Gryningstörn vid rodret. Var är nu konkurrenterna – före, jämsides eller där de ska vara ...?

Paniken sprider sig. Och hur ska vi förklara det här för grabbarna på nästa vakt ...

Men de är redan på gång upp, undrande inför allt klampande på däck, alla otåliga röster uppe i brunnen:

– Vad är det som händer?

En svordom från rorsman:

– För helvete, bort med ficklampan, jag ser ju ingenting!

Det tar tjugo minuter till innan vakten är bytt och alla kommit i ordning – uppe och nere – och det är gång på båten igen.

Under tiden har den vita lanternan därframme försvunnit.

När gryningen kommer har det nästan alltid hänt saker på havet. Båtar är borta, andra har dykt upp från ingenstans, en del ligger exakt där de låg kvällen innan.

En båt slår över till babords hals, en annan står på för styrbord. Somliga gippar hit, andra gippar dit. Var och en har sitt skäl, många är grumliga och alla kan omöjligen ha rätt.

Havskappsegling på normal Gotland Runt-nivå är full av irrationella inslag, förklädda till eftertänksamt smarta drag. De orutinerade seglarna kan göra våghalsiga utflykter tidigt i seglingen, de erfarna typerna väntar och låter det bli en sista utväg. Det kan röra sig om allt från en tvättäkta rövare till en väl kalkylerad risktagning i en prekär situation. Och ibland går det hem.

Som med ”Fantast” den där sommaren 1978. Alla – till och med Calles fru inne i land – visste att ”Fantast” var frånseglad och chanslös.

Men var hon verkligen det?

Vid rundningen av Ölands norra grund återstod mer än hundra sjömil av seglingen. Dessutom var vinden svag och sydlig, det vill säga spinnakergång och en hemfärd som skulle dra ut på tiden. Risk för falluckor – men också klara möjligheter till öppningar. Till exempel en skärning ut på ena kanten, till en potentiell omkörningsfil. På ”Fantast” visste man att ”Knocken” och ”Stress” slogs inbördes och antagligen skulle segla konservativt kring rhumbline, närmaste vägen mot Almagrundet långt uppe i norr. All right, då tar vi ett ytterspår långt vid sidan av rhumbline, resonerade man. Det naturliga var då att söka sig närmare svenska fastlandet för att i det ostadiga vindläget fånga upp termiken mellan kust och hav.

Den dagen seglade ”Fantast” in hela avståndet till ”Stress” och ”Knock on

Wood". Faktum är att vi i slutet av denna hundra sjömil långa bog, sista timmarna före Almagrundet, såg en skymt av henne. Vinden, fortfarande svag, hade vridit mot. Vi kryssade, och långt upp i lovartsdiset såg vi ett ljusblått skrov.

Varvid önsketänkandet spelade sitt vanliga spratt; utan en sekunds tvekan identifierade vi det som Kennen Nordenskjölds klass II-båt "Attaque", ointressant för oss (förutom att det visade hur bra vi två mindre klass III-båtar, "Knocken" och "Stress", hade gått!). Att den blå båten skulle kunna vara "Fantast" fanns inte på kartan. Så vi kämpade vidare om vår seger, innan vi åtskilliga sega timmar senare gled in i ett stilla Sandhamn och möttes av Grevens gapflabb.

På väg hem mot Almagrundet. Det gäller att välja rätt väg. Hur är vinden? Kommer den att vrida? Friska eller mojna?

De första båtarna siktas innan gryningen av utkiken vid måltribunen på Skanskobb 2001.

Att inte veta vem som är vinnare eller förlorare skänker nerv åt Gotland Runt. Det undras och spekuleras ombord på båtarna, förhoppningarna frodas mitt i osäkerheten. Man lever högt på den mycket sanna regeln att "inget race är slut förrän man går över mållinjen".

Ovissheten. Möjligheterna. Spänningen. Man känner det i luften redan

Föregående uppslag: Sandhamn vid Gotland Runt.

Riggvård i minsta detalj hör till förberedelserna för Gotland Runt. Höjdskräck är ingen merit ...

... vilket däremot fotovana definitivt är. Vy från masttoppen 1992. Nästa uppslag.

dagarna före start. Ett par tusen seglare i hundratals båtar har invaderat Sandhamn. Trupperna har samlats vid fronten, man kan nästan höra kanonmullret ute över havet. Atmosfären är laddad. Överallt förbereder man sig inför striden. Det klättras i master, lyssnas på väderrapporter, knappas på datorer, lastas ur, lastas i, stuvas, kontrolleras och fixas till förbannelse. En spänd väntan råder, långa blickar kastas ut mot Revengegrundets fyrkasun och – i fjärran – Almagrundet, nästan borta vid den gäckande horisont som alla snart ska försöka nå före någon annan.

Alla fixar febrilt med det sista. Utom några coola typer som hade allt klart redan i hemmahamnen. I Sandhamn – i den mån de över huvud taget är där – glider de omkring och bryggsnackar, tar en öl på puben och relaxar självsäkert. Båten ligger öde, startklar. Som när nyazeeländaren Peter Blake inför Whitbread 1989 demonstrerade sin överlägsenhet redan innan jorden runt-seglingen ens börjat. Där låg de vid bryggan i Southampton, hela jorden runt-gänget. Spring och surr, fix och segelsäcksbärande från morgon till kväll på varenda båt – utom på den knallröda bjässen "Steinlager III". 'Big Red' låg öde och igenbommad de sista dygnen före start. Inte en kotte gjorde sig

"Det här är pokergivens stund, korten delas ut. Nu gäller det bara att segla smart ..."
Trängsel i startfältet under Gotland Runt 1999.

ett ärende ombord. Hon utstrålade en så iögonfallande självsäkerhet att skriften var synlig på väggen redan då. Själva kappseglingen blev en ren formsak; Blake och "Steinlager III" vann varenda etapp i den Whitbread-seglingen.

Den psykningen var inte att leka med. En och annan Gotland Runt-seglare försöker med samma taktik. Det är naturligtvis svårare att sticka ut bland trehundra båtar än bland femton, men om inte annat så sitter det i huvudet: den goda känslan av att vara väl förberedd när man söndag morgon kastar loss förtöjningarna och tuffar motor ut mot havet – ut till start i magiska Gotland Runt.

Seglarna sitter i brunnen och snackar. Någon fixar med sitt framme på fördäck. Navigatören är nere och checkar kurser och startbestämmelser. Man tar en sista fika. Kastar förstulna blickar på en konkurrentbåt som redan satt segel och forsar fram obehagligt fort – "Fan vad dom ser farliga ut" – tills man märker att det ryker om häcken; de stöttar med motorn ... Den första dyningen suger i magen, men än så länge är det bara nervositet.

Sjösjukan kommer senare.

Lämmeltåget ut från Sandhamn är oändligt, kappseglare varvat med åskådarbåtar i hundratal. Långt föröver kan man skymta en koncentrerad samling segel som rör sig fram och åter; för någon av klasserna drar det ihop sig till start.

Då pirrar det i magen av förväntan. Det här är pokergivens stund, korten delas ut. Bordet är rent, alla misstag fortfarande ogjorda. Nu gäller det att bara segla smart och någonstans under resans gång plocka fram ett vinnande kort. Kanske ur rockärmen, som i Gotland Runt jubileumssommaren 1980.

Men det började inget vidare:

När tåget går utanför Fårö är vi bland de sista som får vinden. Det blekte ur under morgontimmarna, nu är förmiddagen solhet. Östersjön ligger blank, beströdd med en hel armada segelbåtar; man kan räkna till hundratals som har parkerat i stiltjen – hela Gotland Runt-flottan har fått tvärstopp. Det är måndag morgon, ett knappt dygn efter starten i Sandhamn.

KSSS firar sitt 150-årsjubileum, och Gotland Runt stämmer in i hyllningarna med ett av sina klassiska inslag: bleket.

Gotland dåsar i solen inne om styrbord. Kanske var det här någonstans som fiskargubben en morgon kom tuffande med sin snipa i ett annat bleke, med en annan uppsättning Gotland Runt-seglare. Gubben glider förbi en av båtarna, saktar in farten och frågar nyfiket på sin breda goåtländska:

– Vad goör ni här?

Gotland Runt-start utan vind 1960. Klass I-båtarna ankrar upp men driver på varandra. Här gäller det att fendra av för att förhindra skador.

En trött gast som i timme efter timme försökt få en gnutta drag i seglen svarar irriterat.

– Schhh – vi kappseglar!

Gubben nickar fundersamt, och så tuffar han vidare ut på havet.

Timmarna går. Allt förblir stilla. Framåt eftermiddagen hörs snipans taktfasta dunkande på nytt, fiskargubben är på hemväg – och passerar samma segelbåt på precis samma plats. Klentroget frågar han:

– Koappseglar ni foårtfarande?

Bleken ingår i kortgiven. Bleken innebär omstart; båtarna i täten seglar in i vindhålet först och parkerar, båtarna bakom kommer i fatt med den döende brisen och parkerar de också. Förr eller senare kommer vinden tillbaka, och är den på näbben blir det de tidigare ledarbåtarna som drar i väg först och öppnar upp en ny lucka – havskappseglingens omtalade dragspels- eller gummisnoddseffekt.

Den här jubileumsårgången fyller vinden emellertid i från sidan, inifrån Gotland. Vi ligger i jätteklungans östra del. Fel sida. Fastgjutna i blankvattnet utsätts vi för all seglings mest infernaliska pina när vi maktlösa ser hur hela gänget närmare land får vind och börjar röra på sig. Det tar en timme innan vi får upp farten. Vid det laget ligger vi i kön och har ingen koll alls på våra konkurrenter i virrvarret av segel framför oss.

Jakten har börjat.

Vi seglar "Sea Travel" i halvtonnarklassen, den kanske mest intressanta i detta Gotland Runt. Under jubileumsåret 1980 har KSSS fått Half Ton Cup – klassens 'VM' – till Sandhamn, en injektion som alltid sätter fart på intresset. I slott och koja har det byggts nya halvtonnare, fräna one off-båtar allihop – om än av skiftande kaliber. Somliga, som vår finskbyggda "Sea Travel", är fräscha proffsbyggen med yppersta finish. Andra, till exempel "Sista Minuten" från Karlstad, gör skäl för namnet; hon är en grottprodukt full av stickig, rå glasfiber, ett snabbplastat hembygge som aldrig skulle godkänts av Socialstyrelsen. Gemensamt har de nya halvtonnarna sina rutinerade besättningar; det finns ett dussin båtar som kan vara med och slåss om segern. Dessutom går de lika fort allihop; till skillnad från årgångarna med "Fantast", 'Solen' och "My" seglar vi den här gången scratch. Först i mål vinner.

Därför ligger vi ganska risigt till efter omstarten vid Fårö. Vi klämmer några båtar ner till Hoburgen, ytterligare ett par på sträckbogen till Ölands norra. Men vi har fortfarande sex sju halvtonnare framför oss – de allra bästa. När vi rundar bojen vid Öland är "Sea Travel" långt över en timme

Almagrundet rundas på väg mot Gotland. Ett klassiskt riktmärke i Gotland Runt.

efter ledarbåtarna, osynliga någonstans borta vid horisonten.

Framför oss väntar nu hundra sjömils kryss upp till Almagrundet. Vad gör man i det läget om man har ambitionen att vinna Gotland Runt?

Man gör något annat än följer John.

Kryssen upp till Alma var lång-kort; det ena slaget bar betydligt närmare märket än det andra. Med vinden kring nordost var styrbordshalsen det långa slaget, man kunde hålla nästan tio grader från märket. Det här gjorde det mycket svårare att komma i kapp; varenda båt skulle ju lägga sig på just den bogen, i ett långt, statiskt pärlband. "Långa benet först" är all kappseglings gyllene regel eftersom det ju är snabbaste sättet att minska avståndet till nästa märke.

Men Gotland Runts långa avstånd innebär också stora strategiska möjligheter. Och paradoxalt nog bjöd det lång-korta scenariot på just den öppning vi behövde för att vinna Gotland Runt. Och den chansen tog vi.

Hundra sjömils kryss upp till Almagrundet motsvarar nästan ett dygns segling. Under så lång tid kommer något att – måste något! – hända med vinden. Den vrider. Förr eller senare kommer ett vindskift.

Detta blir vårt credo när vi rundat Ölands norra grund och smakat på kryssen en stund. Att bara ligga och nöta med de andra innebär status quo. Så medan alla tar den höjd de kan, släcker vi ett par tum på skoten och faller av några grader.

"Lågt och fort" är vårt nya motto. Det är normalt ingen vinnande kombination, vare sig i Gotland Runt eller på kortbana. Men nu lirar vi poker, och oddsen är inte omöjliga. Vi offrar avsiktligt höjd mot märket för att vinna distans mot märket. Genom att segla lågt och fort kommer vi snabbare norrut än konkurrenterna. Får vi hålla på så ett tag kommer vi att segla i fatt tätbåtarna i latitud. Och när vindkantringen så småningom kommer – måste komma! – så kan vi mycket väl ligga lika nära Alma som de, bara lite mer åt ena sidan. Plötsligt sitter alla med nya kort på handen – och vi är med i leken igen.

Det blåser en perfekt vind kring behagliga fem meter i sekunden, havet är smult. Vi går iskallt på speed, ett par, tre tiondels knop snabbare än vanlig kryssfart. Med en kittlande känsla av spänning ser vi hur vi tappar höjd till alla andra båtar, som stadigt bänder allt längre åt lovart – samtidigt som vi sakta men säkert tuggar i fatt och går förbi på vårt spår långt i lä. Vårt riktmärke är Västeråsbåten "Akka" som rundade Ölands norra grund tjugo minuter före oss. Då hade vi henne ett par sjömil rakt framför oss. Nu, efter

RUNDET

Välbekant skymningssilhuett: Landsorts fyr och den karaktäristiska lotsutkiken, riktmärken för Gotland Runt-farare.

några timmar, har vi henne tvärs i lovart. Båtarna längst framme i täten har försvunnit snett uppe under horisonten vid det här laget.

Vi känner oss allt mer ensamma på havet, pendlar mellan hopp och vankelmod – gör vi verkligen rätt, helt solo längst ut på ena kanten? Natten kommer, vinden är klockrent jämn. Vakterna skiftas regelbundet, det finns inget att rapportera, inte en tillstymmelse till vrid. Och det är okej så här långt, vi vill komma vidare norrut i den här brisen. Vår kurs bär mot Landsort, senast där måste något hända.

Natten går, vi ångar vidare. Jag har morgonvakten tillsammans med Hasse Landén. Solen stiger i öster, vi tar en fika och en macka. Det är lätt att segla, sjömil läggs till sjömil och kompassnålen rör sig inte en millimeter, nu har vinden blåst stadigt i ett dygn. Framför oss är det inte längre fri horisont ...

Landsorts resliga fyr syns först. Snart stiger skär och öar ur havet – den fysiska barriär som utgör gränsen för vår tidsfrist. Nu börjar läget bli kärvt, för snart måste vi slå vare sig vi vill eller inte – och gå ut på havet och ta igen all den höjd vi offrat. Något måste hända med vinden, och det väldigt, väldigt snart.

Då kommer det.

Vi har kanske femton minuter kvar till graniten framme på stäven när det plötsligt backar i genuans framkant. Och det är inget småfladder, utan ett distinkt, klockrent inslag som får lovarts trimtrådar att dansa cancan. Jag drar åt mig rorkulten för att parera och kastar samtidigt ett öga på kompassen – vi är ner tio grader. Och vi kommer inte upp igen ...

Nu börjar pumpen bulta inne i bröstet. Är det bara ett hack i vinden, eller är det just precis det vi hoppats på?

Svaret låter inte vänta på sig. Det backar ännu mer i genuan, jag får falla av duktigt igen. Vi är ner ytterligare tio grader innan vi får ordning på gången och "Sea Travel" löper igen. Saken är lika klar som solen i öster: Vi har just seglat rätt in i det mest massiva, klockrena motvrid jag någonsin upplevt under alla år ute på havet.

Och det kommer i exakt rätt ögonblick. Hasse och jag ser på varandra, kan knappast tro det är sant.

– Vi slår!

Redan innan vi passerar vindögat känner jag vilken enorm utdelning vi fått. På nya babordshalsen får vi så mycket höjd att vi nästan får väja för de yttre skären, och Hasse får gå fram på fören för att spana efter några gulskiftande grynnor som ligger i vägen. Grabbarna på frivakten ska byta sovsida och tittar yrvaket upp.

– Vi är hemma, gubbar! ropar vi extatiskt.

– Fortsätt knoppa så grejar vi det här.

Vi passerar tätt utanför Huvudskär, kursen bär nästan rakt på Almagrundet. Och det bästa av allt: Ute på havet har båtarna fått samma motvrid. Nu är det plötsligt omvända roller: det är de som ligger i lä om oss. Frågan är bara hur långt fram de befinner sig. Hur mycket har vår nattliga fartsträcka gett i utdelning?

Vi upptäcker en fraktionsriggad båt på väg in, en typisk halvtonnarprofil och med röda siffror i seglet. Hon är så långt efter att vi inte kan läsa numret ens i kikare, men vi misstänker att det är Ingemar Bodings nya båt, en av de definitiva vinnarkandidaterna. I övrigt ser vi inte skymten av konkurrenter.

Det börjar lukta krutrök ... Men vi tvingar oss att ligga lågt, för fyra av fem man ombord var med på såväl debaclet mot "Midnight Sun" året innan som smällen med "Fantast" året innan det.

Det är klart, inom oss känner vi ju att det är bingo. Allt annat är omöjligt efter detta ingripande från högre makter. När vi rundar Almagrundet i frisk-

Suggestiv nattsegling med god gång för spinnaker och lite lätt stänk upp på fördäck.

ande vind har vi Boding flera sjömil bakom. Resten måste ligga under horisonten, fångade i vindfällan.

Målrakan in till Sandhamn blir ändå en nagelbitare för vår luttrade besättning – inga överraskningar den här gången, tack! Sista biten in mot Skanskobben dunkar pulsen som vid genuafladdret utanför Landsort några timmar tidigare. Det är dödstyst ombord, alla håller andan och försöker se vad de har för sig vid målkuren inne på land – ska de skjuta eller tuta?

Skott!

Yes! Knutna segernävar i luften, kramar och kraftord.

– Djävlar i havet, vi gjorde det! Vilken helvetes dragning!

Den tillfredsställelsen var djupare än vid kanske någon annan av våra segrar i Gotland Runt. För efter Öland hade vi inte bara suttit där och åkt med och ropat in en sexa eller sjua. Vi hade tänkt till, hittat den enda – oortodoxa! – öppningen, och kört på den till hundra procent. Vi tog chansen till seger. Och lyckan stod de djärva bi.

Vår väl kalkylerade chanstagning hade givit oss segern i Gotland Runt.

Den erfarenheten var bara att stoppa in i minnesbanken och plocka fram igen vid nästa lämpliga tillfälle. Det kom i ett Gotland Runt senare under 80-talet då jag seglade med ombord på gästande Luleåbåten ”Polcirkeln”, en entonnare av cruiser/racer-modell från danska X-Yachts. I vår klass seglade en handfull 'äkta' entonnare, det vill säga fräna one off-båtar vars besättningar räknade med att cruisingbågen från renlandet skulle bli ett lätt byte.

De räknade fel.

Gotland Runt-banans sträckning har ju varierat en hel del, och under de här åren var Svenska Björn ett stående nordligt rundningsmärke, nästan uppe vid gränsen till Ålands hav. Ibland tog man det i början, ibland i slutet av seglingen, och det betraktades allmänt som en ganska onödig omväg. Särskilt om man skulle upp till Björnen på hemvägen och nästan kunde se Alma och krogen i Sandhamn in om babord.

Den här gången seglade vi emellertid medsols och inledde varvet runt Gotland med en läns upp till Svenska Björn. Vilket innebar att vi därefter kunde se fram emot en lång – mycket lång – kryss ner mot Gotland.

Länsen upp till Björnen var rättfram, bara att åka, och med bra fart på ”Polcirkeln” rundade vi Björnen som tvåa i Klass II – allt väl så långt. Men nu blev det knepigare, för på kryssen söderut måste alla fatta egna vägvalsbeslut i en helt annan utsträckning. I det här läget, tidigt i seglingen och med

ett bra läge vid fronten, är det konservativ segling kring rhumbline som gäller, det vill säga sicksackande i mitten av banan. Inget risktagande med slag långt ut på kanterna.

Nu resonerar ju tack och lov inte alla på samma vis. Hur man ska segla ett Gotland Runt är ju mycket en fråga om temperament och erfarenhet. Det fick vi ett praktexempel på det här året, då två av våra svåraste konkurrenter, ”Diva” och ”Fast Food Sally”, gjorde precis tvärtom. De försvann ut på kanten – åt varsitt håll, dessutom!

”Diva” lade sig tidigt på en lång styrbordsbog och stod på åt sydsydost tills hon förlorades ur sikte bakom horisont och nattmörker. Vi kunde ana varför hon seglade på det viset. Av precis samma anledning gick ”Fast Food Sally” åt rakt motsatt håll – hon försvann västvart på ett babordsslag. Kanske ett smartare drag, för hon hade en professionell meteorolog ombord. Och det var vädret som styrde båda båtarnas vägval.

Alla som följt utvecklingen av Whitbread Round The World Race och Volvo Ocean Race vet vilken enorm vikt man lägger vid meteorologin. Navigatören har fått en helt ny roll och fungerar nu enbart som insamlare och tolkare av

Fyren Svenska Björn. Femtontusen ton fyrkassun står direkt på botten utan förankring.

”'Diva' lade sig tidigt på en lång styrbordsbog och stod på åt sydsydost tills hon förlorades ur sikte bakom horisont och nattmörker.”

väderinformation, ett dygnet runt-jobb där skepparen kontinuerligt ska få beslutsunderlag för rätta vägvalet.

Det är ju väder på norra Östersjön också, och den här natten tog vi hänsyn till det allihop. Var och en på sitt vis. Enligt prognosen skulle vinden, som nu låg kring sydsydväst, vrida upp mot väst under morgonen. "Diva" ångade på för styrbord för att snabbt komma söderut, varpå hon skulle höja i en högerböj utmed gotska kusten när medvridet kom – alla tidiga slag för babord var därför bortkastade, resonerade hon.

Det visade sig vara fel strategi. "Diva" såg vi aldrig till mer under hela seglingen, och hon låg, kan jag avslöja, inte inne i Sandhamn och väntade när vi gick i mål! När vridet till slut kom låg hon alldeles för långt utanför gotska kusten och tvingades till slut slå i en höjande vind – alla kappseglares verkliga rysare.

"Fast Food Sally", å sin sida, gick för långt åt andra hållet; när vridet mot väst mycket riktigt kom på morgonkulan tvingades hon släcka på skoten för att komma nedanför Gotska Sandön. Hon fick alltså ge bort överhöjd – kappseglingens andra stora kryssrysare. Varje meter hon fick falla hade hon kastat bort på sitt nattliga babordsslag. Hon tappade ett par sjömil på kuppen.

Kvar i mitten av banan låg "Polcirkeln". Vi höll som bäst på att grubbla över hur vi kunde skaka av oss "Hurrycane", den fjärde båten i den förmenta vinnarkvartetten. Till saken hörde att på henne seglade min gamle kompis Jonsén, skicklig utförsåkare från Östersund som sedan studieåren på Teknis gett sig seglingen i våld. I Sandhamn hade han lett lite överseende åt renägarna på "Polcirkeln" och propsat på ett vad med mig – tusen spänn, först i mål, okej? Den utmaningen fick jag naturligtvis anta. Kunde ju inte låta en avdankad slalomåkare brösta upp sig i mitt gebit.

Nu är det natt ute på Östersjön, och kraftmätningen mellan "Polcirkeln" och "Hurrycane" är i full gång. Det blåser en fin bris på sex meter, båtarna tuggar på med fin balans, folk sitter på relingen, frivakten vilar. Lanternor lyser i mörkret, ett och annat stänk landar på däck, det doftar hav – det är havskappsegling när den är som bäst, det är oerhört suggestivt.

"Hurrycane" kommer för babord en bit framför oss och slår några hundra meter upp i lovart, ungefär tvärs. Vadslagningen styr hennes vägval. Jonsén räknar med att "Hurrycane" är aningen snabbare är "Polcirkeln", och i kraft av seniorstatus ombord har han beordrat nattvakten att hårdbevaka Jörnstedt.

Trots god gång på den klassiska målsträckan in mot Skanskobb förlorar "Hurrycane" redan norr om Gotland kraftmätningen med författarens "Polcirkeln".

– Vad ni än gör, grabbar, så håll koll på "Polcirkeln"! säger Jonsén innan han går av vakten.

Där ligger vi sida vid sida. Inte mycket händer. Inte mycket kan heller hända – såvida man inte gör en specialare. Det är dags att damma av gamla "Sea Travel"-tricket.

Vi har nu nått nästan halvvägs till Fårö och vi har kryssat oss upp en bit väster om rhumbline. Ett bra, säkert utgångsläge. Vi vet att vinden ganska snart kommer att vrida med – så låt oss falla av några grader och segla på speed. Precis som med "Sea Travel" är tanken att komma framåt i banan snabbare än (framför allt) "Hurrycane" och låta vindskiftet göra jobbet, den här gången i form av ett medvrid, inte motvrid.

Så vi lägger lite på skoten och ger oss av.

Ombord på "Hurrycane" är man inte med på noterna. Hon fortsätter att käka höjd och försvinner ganska snabbt akteröver och åt lovart. Timmarna går, och när Jonsén kommer upp igen är det dagsljus. Han ser att renägarna och Jörnstedt lyser med sin frånvaro och frågar belåtet vilken av vagnarna akteröver som är "Polcirkeln".

NICORETTE
Rockport

Föregående uppslag: Under 1990-talet blir de riktigt stora båtarna allt fler, och fler vill komma först i mål ... "Nicorette", ägd av Ludde Ingvall. Större ...

... och störst: 100-fotaren "Cap Gemini", ägd av Bertil Söderberg, är en av världens största havskappseglare.

Det blir tyst i brunnen. En av juniorerna som haft vakten harklar sig besvärat och pekar föröver:

– Där framme ...

Det har gått precis som beräknat. Under nattimmarna öppnade vi upp en lucka till "Hurrycane" på ungefär en sjömil, dels det vi tjänat framåt, dels det vi förlorat i sida. Så kom skiftet; vinden vred med och vi kunde höja upp framför Jonsén & Co och täppa till den lucka vi skapat. "Hurrycane" kunde däremot inte höja, för hela Gotland låg i vägen om styrbord och vi låg på kurs mot nästa rundning vid Östergarn.

Den sjömilen räckte för att "Hurrycane" skulle vara borta ur leken för resten av seglingen. "Fast Food Sally" hade i det här läget tappat ännu mer, och "Diva" såg vi som sagt inte röken av. På det viset lade vi grunden för "Polcirkelns" seger, även om det skulle sitta hårt åt; vi fick en fortsatt stenhård fight med snabba "Fast Food Sally" ända in i mål.

"Polcirkelns" seger uppmärksammades hemma i Luleå. När grabbarna kom tillbaka till stan blev det helsidor i lokalpressen. En av rubrikerna löd: "Hjältarnas återkomst." Vilket väl vittnar om vilken oerhörd status Gotland Runt har skaffat sig även långt utanför snäva seglarkretsar.

Faktum är att Gotland Runt tillhör världens riktigt stora havskappseglingar. Engelska Fastnet Race, amerikanska Bermuda Race (kanske också Transpac till Hawaii), samt australiska Sydney–Hobart utgör de stora klassikerna i den här branschen. Men på nästa nivå kan man lugnt räkna in Gotland Runt.

Kombinationen av långdistans och många deltagare är imponerande. Under 80-talets sista år var man uppe och snuddade vid, men nådde aldrig över, femhundrastrecket, en fantastisk siffra och utan vidare världens största 'riktiga' havskappsegling (Själland Runt har varit större, men är ju kustnära och till och med 'inomskärs' mesta vägen).

Föga anade man denna utveckling när 'Fårötinget' samlades sommaren 1935. Det kappseglades flitigt i östersjöländerna redan under den här tiden, och nu skulle man bland annat dryfta planerna på en kappsegling runt Gotland. Trehundrafemtio seglare ombord på ett åttiotal yachter från nio länder mötte upp i Fårösund under några – säkerligen mycket glada – julidagar. När de återvände hem var grunden lagd för Gotland Runt, som seglades för allra första gången två år senare. Den gången var namnet mer adekvat än i dag; det var just runt Gotland man seglade, bortsett från ett ytterskär bort till Ölands norra grund för att få lite 360-gradershorisont, med den känsla

SWE
11000

detta innebär. Fyrtiotvå båtar deltog i denna premiär, som förstås hade start och mål i Visby och stor regattamiddag på fashionabla Snäckgärdsbaden.

Två år senare, krigsutbrottets sommar 1939, kom femtioen båtar till start, varav tjugotre var tyska och sexton från Sverige. Efter start i Visby var man ända borta vid Riga och rundade – seglingen var nu hela trehundrafemtio sjömil lång – varefter flottan satte kurs mot målet som nu låg i Sandhamn. Sven Saléns ”Havsörnen” tog sin andra Gotland Runt-seger, och en lång rad av landets främsta konstruktörer – som Jac Iversen, Tore Holm och Tore Herlin – hade båtar med på banan.

Men Gotland Runt hade knappt mer än lättat ankar förrän det var dags att gå i torrdocka – ett nytt världskrig bröt ut. Att kappsegla ute på Östersjön var det inte tal om då, och först fem år efter krigsslutet göts nytt liv i Gotland Runt. De stora deltagartalen dröjde till 70-talets båtboom, men 50- och 60-talen var ändå något av en guldålder för svensk segling. Knud Reimers, Olle Enderlein, Arvid Laurin, Gustav Plym och Einar Olsson ritade många av havskryssarna under de här åren. Nu rörde det sig inte längre bara om stora pjäser, 'små' båtar kring 30–35 fot blev allt vanligare. Samtidigt åkte seglare

Visby hamn vid första Gotland Runt 1937. Fyrtiotvå båtar deltog, start och mål var Visby.

Sven Salén tog 1939 sin andra Gotland Runt-seger med ”Havsörnen”, en ny, rundare typ av havskryssare konstruerad av Tore Holm. Utskrattad och liknad vid ett hårdkokt ägg, men skrattet fastnade i halsen på konkurrenterna.

Föregående uppslag: Starten i Gotland Runt 1963. Den blev ett magnifikt skådespel för de fyrtiosju båtar som tävlade i den största klassen.

Plastbåtsrevolutionen på 60-talet innebar en explosionsartad ökning av antalet deltagare och båttyper i tävlingen. Men är det deltagare eller åskådare som utför denna säregna lättvindsmanöver i starten av Gotland Runt 1967?

med tjockare läder och vidare vyer över havet till Madison Avenue på Manhattan och köpte ritningar av amerikanska superkonstruktörerna Sparkman & Stephens. Klassiska båtnamn som "Bolero", "Refanut", "Dione", "Vagabonde", "Elseli", "Staika", "Casella", "Ballerina" och allt vad de hette härjade i prislistorna under de här åren. De finns kvar än i dag nästan allihop.

Så kom plastbåtsrevolutionen, och med den en flodvåg som svämmade över alla bräddar. Mellan 1960 och 1970 ökade antalet deltagare i Gotland Runt från ungefär sjuttio till över tvåhundrafemtio båtar. Nu hette konstruktörerna Peter Norlin, Håkan Södergren, Pelle Petterson och Rolf Magnusson. Nykonstruktioner som Scampi, Ballad och Comfort 30 bildade helt egna klasser i Gotland Runt – entyp på havet!

KSSS blev lite överrumplat av invasionen. Först på 60-talet hade man på allvar börjat släppa ut mindre båtar på banan, och nu kom en extra påspädning 30-fotare som kunde räknas i hundratal. För säkerhets skull – bokstavligen – fick de segla en lite kortare sträcka, Baltic Race, som inte gick runt Gotland. Men detta var en parentes. Redan några år in på 70-talet samsades alla båtar på samma bana – och de blev bara fler och fler.

Under 80-talet började man se tecken på det som nu, efter sekelskiftet, präglar Gotland Runt i så hög grad: de STORA båtarna gjorde entré. 80-fotaren "Midnight Sun", till exempel, Sveriges första privatägda Maxi. Snart kom också Whitbread-båtarna, en mer allvarsam lek som också de nordiska länderna gett sig in i.

Vid det här laget hade den internationella havskappseglingen professionaliserats, med ett allt större gap mellan gräsrötter och elit.

Generationsväxling och bankkris bidrog också till att det sena 80-talets rekordsiffror i Gotland Runt började dala under 1900-talets sista decennium.

Nu när KSSS fyller 175 några år in på 2000-talet har siffran stabiliserats kring tvåhundrafemtio båtar. Nästan hela 30-fotsgänget – som bara de kunde vara över hundra båtar – är borta. Där ligger det stora tappet.

Men kärntrupperna är kvar, bara i lite större båtar. För många är Gotland Runt sommarens enda kappsegling. En barnfri vecka med polarna, en udda utmaning för nykomlingarna, för habituéerna en tradition som inte får brytas.

Ett bra exempel på de senare är Dick Levinsson och Göran Winberg, 60 minus respektive 60 plus. Sommaren 2004 gjorde båda sitt 39:e Gotland Runt på raken! De seglade en gammal Norlin 34 från 1973, uppger att de "vilade" sig i form – "Vi har inte tränat en meter ..." – och vann sin klass. För att lyckas med det krävdes att många pusselbitar föll på plats: En båt som gillade den långa kryssen ner till Hoburgen, fräscha segel, en smula tur samt, inte minst, all den erfarenhet som många Gotland Runt-starter ger. Som till exempel den år 1978, då både Göran, Dick och jag fick uppleva chocken med en gnäggande greve på en ljusblå båt vid pontonbryggan i Sandhamn.

Turen spelade in när Dick och hans besättning gått i mål och någon däruppe stängde av fläkten. Det innebar att alla mindre båtar – inklusive Scampin "Trimle" som lett nere vid sista rapporteringen utanför Visby – tappade trycket och inte hade en chans att klara sin respit till dem som redan hunnit i mål.

Den enes bröd, den andres död. Så är det i havskappsegling, och sällan är det tydligare än just under spurtsträckan Almagrundet–Skanskobben. Inte ens tio sjömil, och här avgörs ofta hela seglingen. Det gäller att komma hit vid rätt tidpunkt på dygnet. Helst inte senare än vid första middagssittningen på östra verandan, annars är risken stor att man inte kommer in förrän vid frukost nästa morgon.

Gotland Runt är hjärnornas kamp, och kropparnas. Trångt på railen ombord på 80-fotaren "Skandia" 2001.

Mångfalden seglare är ryggraden i Gotland Runt. Inte bara i antal, utan också vad gäller ambitioner. Gotland Runt har kallats seglingens Vasalopp, och det är en träffande beskrivning: mycket folk, lång sträcka och – inte minst – en mängd turiståkare varvat med elit och till och med proffs.

De mest ambitiösa seglarna tävlar numera i IMS-klasserna, och här görs storstilade satsningar ifråga om allt från båtar, besättningar och träning till rigg, segel och datoriserad elektronik. *O, tempora, o mores!* kan man utbrista; sättet att segla speglar idrottens proffsiga tidsanda till hundra procent. För 50-talets sjömansmässiga besättningar, på väg runt Gotland i sina stadiga brädgårdar, skulle våra dagars fullblodsracers te sig lika främmande som rymdskepp. På den tiden satt man tryggt innanför skyddande sittbrunnssargar, vilade ut i sjökojer i lä eller lovart, och fick inte sällan maten serverad vid ett vitdukat salongsbord.

Nu, sommaren 2004, satt besättningarna på de bästa IMS-båtarna uppe på lovarts reling och häckade i trettio timmar i sträck – från starten i Sandhamn ända ner till Hoburgen! Allt för att minska krängningen. Trettio långa, sega krysstimmar med benen dinglande ute på skrovsidan – sånt känns i både rumpan och skallen. En stagvändning då och då, några power bars att tugga på, småsnack, tankar, tunga ögonlock, trötthet, trötthet, trötthet ...

Denna monotona, obekväma "rail boogie" kräver en ohygglig motivation. Belöningen levereras med grafisk tydlighet på knopmätaren, som är upp några tiondels knop. Skillnaden mellan vinna och försvinna. Kampen om Gotland Runt har trappats upp till höga höjder; numera krävs det offer för att slåss bland elitbåtarna i frontlinjen.

Det intrikata samspelet mellan många väsensskilda faktorer är det som gör Gotland Runt så speciellt. Den fysiska aspekten: nötandet på relingen, iskallt blöta segelskiften, kampen i vågor och vind, kyla och trötthet. Det är seglingstekniken, med en båt som drivs maximalt tack vare en besättning som behärskar konsten att ställa in rigg, segel och skot i takt med skiftande vindar.

Och så det mest spännande av allt: hjärnornas kamp. Konsten att i denna föränderliga, fysiskt så påtagliga miljö lotsa sin båt till seger. Konsten att lira – inte bara poker, utan också spela schack.

Tillbaka ut på Östersjön!

Gotska Sandön delar en bit av sitt vackra namn med storasystern söderut, men det är också allt. Medan det öppna landskapet på Gotlands flacka ostsida kan te sig inbjudande idylliskt för den passerande seglaren, ligger

Problem med storseglet ombord på Swede 38:an "Procordia" 1990.

Gotska Sandön hemlighetsfullt öde och avvisande. De få hus som finns här är djupt inbäddade i tallskogen, de bägge fyrarna markerar mer frånvaro än närvaro av civilisation.

Åtskilliga Gotland Runt-seglare har under åren fått se Gotska Sandön på nära håll. Ön ligger precis utmed kurslinjen mellan Almagrundet och Fårö, vid kryss är den ett hinder som ska undvikas – eller utnyttjas med sjölä inne under land. Annars är det nog ingen som blivit riktigt klok på om det är bra eller dåligt att stryka nära den tysta ön. Ofta har Gotska Sandön varit ett regelrätt rundningsmärke i Gotland Runt-banan, inlagt som brytpunkt mellan Ölands norra grund och Alma. Då går man på ekolodet tätt utanför sandstränderna. Tallbarrsdoften känns i näsborrarna, och ibland förnimmer man också smaken av hjärta i halsgropen när bottenkurvan plötsligt rusar upp och det står 1,8 på ekolodet.

Här vid Gotska Sandön avgjordes Klass II Gotland Runt-året 1986. Startfältet påminde om halvtonnarklassen 1980, men med två nummer större båtar; 40-fots entonnare, välseglade och av one off-karaktär nästan allihop. Ett tiotal båtar kunde slåss om segern, och jag befann mig på en av dem.

Det är tidig kväll när vi nalkas Gotska Sandön. De olika klasserna har hunnit blandas väl under resans gång. Fältet är vida spritt över havet, men börjar nu stråla samman inför rundningen av Kyrkudden; den ostligaste punkten på Gotska Sandön fungerar som en tratt. En redan svag sydostlig vind blir ännu svagare när vi närmar oss land.

I ledningen för entonnarbåtarna i Klass II ligger "Euroclass" och "Eurocard" (sponsorernas intåg är redan nu ett faktum), men inte mer än kanske femhundra meter före oss på "Big Foot". Och nu tunnar vinden ut ytterligare.

Utmed Gotska Sandöns stränder ligger vattnet spegelblankt, och självbevarelsedriften får alla båtar att ta en ganska vid sväng runt ön. Åtskilliga hundra meter ut på havet fångar de den vind som krusar vattenytan.

Just här vid Kyrkudden girar man nästan nittio grader åt vänster, och den som tar innersta spåret kan tjäna distans. Det gäller bara att våga gå i blankvattnet nära ön – men det kan finnas vind också här. Och vi chansar på det.

Ligger man längst fram i täten och krigar – som "Euroclass" och "Eurocard" – bevakar man varandra och seglar konservativt, försöker hålla sig där vinden åtminstone är synlig. Ligger man i andra led och siktar på seger, som "Big Foot", kan man kosta på sig ett alternativ. Särskilt när man är inne på spurten.

Och visst finns det vind härinne också, det är bara det att den ligger en bit över ytan. Det här är inget ovanligt fenomen, många Gotland Runt-seglare har fått uppleva det under årgångarna med lätta brisar. Det är en smått kuslig känsla att segla i en vind "som inte finns". Vi sitter blickstilla i båten, håller både skot och tummar med nervöst knutna händer – och seglar ifatt de bägge Euro-båtarna. Bakom oss ser de andra konkurrenterna att spåret fungerar, och för entonnarna blir det något av en omstart vid Kyrkudden.

Vi är uppe i täten igen. Men vi är inte precis ensamma. Läget är vidöppet, och nu väntar fyrtiofem avgörande sjömil upp till Almagrundet. Medan mörkret sänker sig över Gotska Sandön och förvandlar båtarna till ljuspunkter sätter vi in stöten.

Roffe Magnusson, segelmakaren och konstruktören från Karlstad, har haft sin nattvakt i en halvtimme när han kommer ner och skakar liv i mig. Vi har principen att det ska råda konsensus mellan vaktcheferna innan någon ger sig ut på utflykt, och nu har Roffe fått en idé han vill diskutera.

"Euroclass" har just dykt upp från lä och gått ett par båtlängder för om oss på en ganska kraftig babordsskärning åt lovart. Roffe försöker först haka på, vill inte släppa henne, men märker att vi tappar distans. Och när skärningen dessutom verkar onödigt kraftig faller Roffe av ner på tidigare kurs, lite långsammare men mer vägvinnande. Och samtidigt som "Euroclass" vita akterlanterna försvinner i lovartsmörkret går det upp en talgdank för Roffe: Han förstår hur vi en gång för alla ska kunna ge henne en turistbiljett till bakre ändan av vagnen.

Roffes förslag har en uppenbar poäng. Samtidigt är det ingen större risktagning. Så vi kör på det.

Så här resonerar man: Den sydostliga vinden kommer rakt akterifrån, och eftersom den är så svag måste båtarna skära, det vill säga höja upp från plattläns och gå på slör för att få bättre tryck i seglen. Man går en bit på det viset, gippar och skär åt andra hållet en stund – och så håller man på. Med vinden in platt akterifrån spelar det i princip ingen roll åt vilket håll man skär.

Men nu föreligger ett slags Följa John-situation. Varenda båt, inklusive "Big Foot", ligger på en babordsskärning som bär väster om den raka kursen mot Almagrundet. Det är naturligt att efter den skarpa böjen runt Kyrkudden fortsätta åt det hållet, men det finns också förutseende med i bilden.

Väderprognosen talar om ett vrid mot sydväst under morgontimmarna, och då drar man sig åt det hållet för att möta den nya vinden. När den kommer kan man falla av lite fint ner mot Almagrundet med bra vinkel mot vinden och drag i seglen. Så står det i skolboken, och den brukar ha rätt.

Vi gör tvärtom.

Lugnt väder och enkelt att segla när en ny dag gryr på Östersjön. En man passar skotet, några kopplar av i lä.

Vi gippar och skär för styrbords hals ut åt andra hållet. Inte särskilt långt, det är vi noga med, bara ett par tre sjömil. På så vis öppnar vi upp en lagom lucka i sidled till de andra båtarna, och denna lucka kan bli den avgörande faktorn. Vinden ska vara fortsatt svag efter vridet, enligt prognosen. Om vi då ligger några sjömil i lä om konkurrenterna kan vi få flera graders bättre skärning upp mot Almagrundet, och därmed även högre fart. På en så lång sträcka kan det mycket väl innebära skillnaden mellan vinst och förlust.

I min koj nere i båten hör jag de bekanta ljuden uppifrån när Roffes vakt gippar tillbaka till babordshalsen någon halvtimme senare; stegen på däck, surret i sittbrunnen, snurret från vinscharna. Vår utflykt österut är avklarad, nu rättar vi in oss i ledet igen – ensamma långt nere i lä ...

När jag väcks ett par timmar senare märks direkt att vi har läget under kontroll. Man kan höra – och känna – sånt ombord på en båt. Först det stadiga porlandet kring skrovet som skvallrar om stabil vind och bra gång. Den måttliga men tydliga krängningen. Tillräckligt tryck i seglen för att ligga på kurs mot märket, inget sicksack-skärande; den nya vinden har redan kommit. Och i mumlet uppifrån brunnen finns en ton av lågmäld belåtenhet, även

Kamp om varje meter i den svaga vinden. "Morning Glory" och "Nicorette" år 2001.

om inga ord kan urskiljas. Och de har all anledning att må bra däruppe!

– Det ser faktiskt ganska bra ut det här, Benga, säger Roffe på sin sjungande värmländska när jag kommer upp i brunnen.

Det är ett understatement. Vi ligger i pole position, och det med råge.

Nattmörkret har vikt undan, det är ljusan dag på havet. Flera sjömil uppe i lovart och en bit klart akter om tvärs ser jag "Euroclass" solbelysta spinnaker. Och någon sjömil bakom henne skymtar "Eurocards" nylon – våra två värsta konkurrenter har släppt taget och ligger exakt där vi vill ha dem. I övrigt är det förvånansvärt tomt på havet, några prickar borta vid horisonten bara.

"Big Foot" har gått som tåget. Vindvridet kom lite tidigare än vi trott, och i ett par timmar har vi kunnat utnyttja vårt fartgivande läspår. Vi har fyra meter i sekunden från en perfekt vinkel strax akter om tvärs och styr spikrakt på Almagrundet. Däruppe i lovart har de en klart öppnare vinkel mot Alma och får därmed en vind som är mer akterlig – vilket i den här vindstyrkan är lika med långsammare. Och när vi kontinuerligt checkar bäringarna ser vi hur 'Euro-båtarna' hela tiden fortsätter att backa.

Det forsar kring "Big Foots" skrov, vinden är stabil och lampan lyser. Nerifrån byssan kommer en doft av morgonkaffe, i brisen som blåser över däck känns vittringen av seger. Vi mår som prinsar.

Några timmar senare rundar vi Almagrundet. Vi ligger ungefär tolvhundra meter före "Euroclass" och dubbelt så mycket före "Eurocard". Vid Skanskobben skjuts skott för "Big Foot".

Roffes trick är ett bra exempel på havskappseglingens schackaspekt. Vinden kickar ständigt upp nya bollar i luften. De är där för att plockas ner – men använd huvudet!

Det har hänt en del under det halvsekel man på allvar seglat Gotland Runt. Men det finns också mycket som inte påverkats av tidens gång.

Båtmaterialet är ett helt annat, förstås. Det går en knop eller två fortare numera. Men det handlar fortfarande om segelbåtar med storsegel, genua och spinnaker som ska skotas och skiftas om vartannat. Sättet att segla har blivit både mer sofistikerat och 'råare'. VMG, polardiagram och datorer utnyttjas i jakten på hundradels knop och perfektion – samtidigt som 2004 års rail boogie mellan Sandhamn och Hoburgen gränsar till fysisk och psykisk tortyr. Det vill säga, om det inte vore för den nya attityden till havskappsegling; en hängivenhet som är total, självklar och naturlig. Seglarna som tillbringar trettio timmar på relingen tycker faktiskt att det är helt okej.

POWERED BY
nicorette
052

SWE
985
008
069

Samtidigt är andan mer tidlöst 50-talsmässig längre bak i fältet. Här äter och sover man gott, och råkar det bli i en läkoj så må det vara hänt.

Gotland Runt ska vara kul, ingen späkning.

Den stora förändringen gäller navigationen. Eller bristen på den. Rundningspunkter har förvandlats till 'waypoints', man hittar dem med en knapptryckning. Ett av den traditionella havskappseglingens charmigaste och mest spännande inslag har därmed gjort sitt uttåg: Konsten att hitta på havet.

Med GPS:en har orienteringsmomentet i Gotland Runt försvunnit. Förr om åren var det aldrig någon som hade hundraprocentig koll på var man befann sig. I detta låg ett sanslöst spänningsmoment. En hel besättning lade sitt öde i navigatörens händer. Och denne fick inte sällan lita till turen. Död räkning och radiopejling var vad som bjöds, ofullkomliga instrument båda två, och ibland kunde det gå på väldigt lösa boliner.

En gång på 50-talet missade Jacob Wallenbergs "Refanut" målet i Visby, och om inte Karlsöarna hade legat i vägen hade man kanske fortsatt ända ner till Hoburgen. För att inte tala om Björnligan ... Här var det en hel klunga med Gotland Runt-båtar som, på väg söderifrån mot Sandhamn något år på 50-talet, aldrig hittade Almagrundet – och fortsatte ända upp till Svenska Björn fyrtio sjömil längre norrut! Det fallet är extremt, och det åskådliggör också ett annat fenomen i Gotland Runt: den Följa John-mentalitet som frodas i en grupp där ingen riktigt vågar tro på sin egen förmåga.

I havskappseglingen finns mängder av sådana exempel, en samling som nu tillhör historien och inte kommer att förnyas så länge signalerna från satelliterna vägleder båtarna.

Men i grunden är Gotland Runt ändå samma segling som för ett halvsekel sedan. Det är och förblir en kamp mellan seglare, mot hav och vindar. Att nöta reling med rumpan och knappa in waypoints med pekfingret är enkel fysik. Det är fortfarande uppe i övervåningen, i hjärnkontoret, som avgörandet sker. Att plocka upp korten som naturen ger och spela ut dem igen med en räv bakom örat.

Som till exempel den gång då "Big Foot" skar åt öster i stället för väster vid Gotska Sandön.

Föregående uppslag: Trimaranen "First Hotels" på väg mot målgång i Sandhamn. Gotland Runt 2001.

Jubileumsåret 2005 – Gotland Runt är fortfarande en folkfest för såväl liten som stor.

FRIHETENS INSTRUMENT

SVEN BARTHEL

Segelbåten är frihetens instrument. Den frihet som innefattar nödvändigheten att avstå från klocka och almanacka och uppgjorda planer. Den frihet som är naturens och barnets, där nuet är ensamt härskande, vars gräns är horisonten.

Föregående uppslag: "Friheten är barnet i människan, och segelbåten är frihetens instrument."

"Att foga sig efter elementen så långt det är nödvändigt, leka och lirka med dem för resten."

Det finns envisa seglare som anser att känslan av triumf efter en segerrikt genomförd strapats ger en tillfredsställelse som uppväger det bråk och obehag man har haft under tiden. Och gärna det, visst ligger det något i det. Men det är alldeles onödigt att frivilligt uppsöka sådana situationer, dem tillhandahåller en seglingssommar alldeles tillräckligt av ändå; för att inte tala om tillvaron i övrigt. Och den sortens tillfredsställelse är hur som helst inte annat än ett surrogat för den tillfredsställelse man känner efter en dag med gynnsamt väder.

Nej, nöjen ska vara roliga. Man ska kunna avstå från att genomföra en hård dagskryss med ständig stampning och överspratning för att nå ett uppgjort mål någonstans norr ut, när man i stället kan gå öster eller väster eller söder ut och ha det skönt. Eller ligga och vänta i en god hamn. Sommaren är kort, men överfallsväder och andra bragdmöjligheter ger den tillräckligt av.

Med en motorbåt (om det är en båt) kan man göra upp planer, bestämma vart man ska och ungefär när man ska vara där. Och det ska vara fan till väder om man inte ska kunna genomföra programmet. Det är motorbåtens fördel, och den är stor.

Men den frihet jag talar om är en annan än friheten att få sin vilja igenom.

Motorn är en uppfinning, seglet är en upptäckt, där ligger skillnaden. Segelbåten är ett resultat av människans anpassning efter elementen, inte av hennes trots mot dem. Och den frihet segelbåten representerar är friheten att vara helt hänvisad till sina egna möjligheter, sitt kapital av fysisk förmåga, av medfödd listighet och av förvärvad erfarenhet. Friheten att vara öppen för slumpen och att balansera den med den egna nycken och improvisationen. Att foga sig efter elementen så långt det är nödvändigt, leka och lirka med dem för resten. Friheten att vara bunden av naturlagar och naturkrafter och ingenting annat. Vilket vill säga detsamma som en möjlighet att uppleva människans verkliga mått. Det är en öppen chans till balanstillstånd mellan själ och kropp som, om man förmår ta den, ger den höga lycka som heter frid.

Men ett första krav är förmågan att avstå från alla de påfund som inrutar tid och rum. Så länge man går på och frågar sig och andra: Hur mycket är klockan nu? Hur många knop tror du vi gör? Hur många distansminuter har vi kvar? När kan vi vara framme med den här vinden? Men om det mojnar, vad ska vi göra då? – så länge hör man inte riktigt hemma i en segelbåt.

Man måste vara fatalist, ha förmågan att finna sig och att ta vara på det som för tillfället är och glädja sig åt det. Nuet finns inom horisonten, bortom horisonten når jag alltid, om inte i dag så i morgon.

Det är allt det som händer nu i en segelbåt. Det ständiga tvånget till närvaro, observation, iakttagande av himmel och vatten. Att gå fram genom ett sund med motorbåt, rätt fram och mitt i djuprännan, är en sak. Att kryssa sig fram igenom det med ett öga på sjökortet och ett på skiftningarna i vattnets färg är en annan. Att inte bara behöva vrida på en ratt utan vara tvungen att göra ett slag för att runda en udde, ger ett tillfälle till iakttagelser och en känsla av personlig kontakt med den udden och dess fortsättning ut under vattnet, som fyller det ögonblicket med innehåll.

"Det ständiga tvånget till närvaro, observation, iakttagande av himmel och vatten."

Nästa uppslag: "Den goda hamn som för motorbåtsmannen är det efter ett visst antal timmar självklart uppnådda målet, är för seglaren, om han når den, en gåva."

Det är kanske så gott att tala om att jag har haft mycket roligt med motorbåtar och inte har det minska emot motorer, bara de går och bara de inte vrålar onödigt mycket. Funnes inte segel, skulle jag naturligtvis ha en motor. Och visst händer det att man trummar irriterat i däck, när båten ligger och rullar i stiltje med slängande bom, och tänker på hur det vore att ha en hjälpmotor. Och antagligen kommer jag att skaffa en sådan med tilltagande ålder. Men jag väntar med den i det längsta. Därför att den kommer att

beröva mig det som är seglingens finaste essens – seglarens upplevelserika beroende av vädret.

Varje nyans i vädret betyder något och det ger dagen, det ger varje stund ett levande innehåll. Det betyder en oavbruten vakenhet och ett oavbrutet engagemang i det evigt skiftande spelet under himlen, som gör varje nu till någonting som händer mig och därmed gör dagen laddad och lång.

Den goda hamn som för motorbåtsmannen är det efter ett visst antal timmar självklart uppnådda målet, är för seglaren, om han når den, en gåva. Som han har den dubbla glädjen att ha både vädrets chanser och sin egen förmåga att tacka för. Allt vad seglaren når är gåvor. Även om han har räknat med en viss hamn och verkligen når den, är den hamnen en gåva, därför att hans sätt att färdas, hans måttliga fartmöjligheter och hans sysslande med skot och roder och sjökort skänker honom den kostbara gåvan distanskänsla. Han har färdats länge och han har nått något fjärran.

Och allt det opåräknade som händer, som vädret och seglaren tillsammans improviserar.

Det skär som råkar ligga nära till när det blir en middagsstiltje, som jag annars inte hade tänkt på att besöka men som nu ger mig något: kanske fyndet av en ny hamnmöjlighet, eller av en ny växtplats för en mindre allmän ört, eller av något användbart strandgods – till exempel den näverrulle jag har längtat efter att få klä kaffepannans handtag med för att slippa bränna mig på det. Eller som i varje fall ger mig glädjen att stiga i land på ett nytt skär och upptäcka det, den organiska förening av skärgårdsnaturens ingredienser som existerar just där och ingen annanstans, den personliga fysionomi som livets möjligheter har givit det skäret.

Den genomsegling av en trång passage som jag dittills har undvikit därför att där ser grynnigt ut och jag inte har ansett mig kunna lita på kortet, men som jag nu kan våga mig på därför att vädret råkar vara mycket lätt och det är klart och jag har solen i ryggen och alltså ser grynnor och utgrundningar tydligt och i tid – och som nu ger mig nöjet att utöka min kunskap om vattenvägarna, kanske upptäcka en användbar och trevlig genväg, i varje fall nöjet att pröva något nytt.

Den nattsegling som jag kommer mig för med, därför att jag har tröttnat på att ligga inblåst och är grundligt utsövd och vädret spaknar efter solnedgången och blir hanterlig bris, men antagligen kommer att blåsa upp sig till full kuling igen så fort solen kommer – och som ger mig den vilt romantiska glädjen att ila fram i dunklet över vattnens levande, flammiga ytor, med den

"Den genomsegling av en trång passage som jag dittills har undvikit därför att där ser grynnigt ut ..."

"Han har färdats länge och han har nått något fjärran."

stegrade fartkänsla dunklet skänker; ännu närmare, ännu tätare sluten till den besjälade skapelse båten är.

Den promenad genom det inre av en dittills av mig outforskad ö, som äntligen blir av därför att vädret är så hårt att jag föredrar att ligga kvar en dag.

Den nya kurs en vindkantring lockar mig till och som kanske leder till mötet med en gammal bekant i en hamn som jag på morgonen inte hade en tanke på – ett möte som i sin tur kan leda till en mönstring av vad båda båtarnas delikatessförråd förmår och en god kväll.

Allt det icke på förhand beräknade som händer mig. Som skänks mig, som är gåvor.

Jag talar om segling, men det är naturligtvis bara i egen sak jag talar, för andra har jag ingen befogenhet att tala. Och jag är kanske ett specialfall därför att jag numera aldrig seglar någon annanstans än i Stockholms skärgård, inga långfärder längs kusterna, det har jag slutat med, det har jag inte tid med, sommaren är för kort.

”Jag har sett andra kuster och jag vet att jag ingenstans hittar en bättre seglingsterräng än här, för det första.”

Jag har sett andra kuster och jag vet att jag ingenstans hittar en bättre

seglingsterräng än här, för det första. Tillräckligt av meteorologiska överraskningar och prövningar för att man ska ha vett att uppskatta de goda dagarna, men inga omåttliga väder. Inga tidvatten, inga våldsamma strömmar. Inga öde sträckor utan hamnar. Större djup på skärgården än någon annanstans och därför större variationsrikedom.

Andra kuster, andra trakter, andra länder kan jag se under de tre övriga årstiderna, för det andra. Sommaren är för kort och dyrbar. Jag har tjugu somrar kvar kanske, innan åldern hinner i kapp mig och tar greppet i nacken, tjugu somrar som jag orkar eller ids segla. Och det är ingenting att slösa med. Det finns andra kuster, andra landskap, som är lika sköna, eller till och med skönare, det kostar mig ingenting att erkänna. Men det är i Stockholms skärgård jag är förälskad, så enkelt är det. Det är mitt landskap, fyllt av minnen och fyllt av möjligheter till nya minnen. Det vill jag genomsegla varje sommar och inte ens det hinner jag. Varje sommar vill jag besöka alla bekanta öar och skär och människor och upptäcka nya. Jag hinner aldrig med allt det bekanta och jag hinner aldrig upptäcka allt det nya. När min hand inte längre orkar hålla i en rorkult, kommer det att finnas öar, vilkas inre jag aldrig har sett, skär som jag aldrig har trampat. Så rik är Stockholms skärgård, så lyckligt outtömlig; den räcker väl till för en mansålder.

Allt det jag vill återuppleva varje sommar. Allt det som blommar för det första och som jag aldrig hinner med. Jag vill vara på Munkö när guckuskon har sin vecka, jag vill ligga vid Husarö Storskär i liljekonvaljtiden, i Röder när vattenklövern blommar kring gölarna, i Ängskär när olvon och svärdsliljor kommer. Jag vill se fruktträden blomma vid Levansvik på Torö, vill se högsommarens hällmarksflora på kalkskären utanför Ornö, de vida ängarna av prästkrage och den överflödande törnrosblomningen på Gräskö, hundlokans vita skyar kring den gamla hopboden på Hjortronkobben, marviolen på Gillöga Västerskär, spenört och hässleklocka i den lavskäggiga skogen av asp och idegran på Norrpada Storskär, de steniga älggräsängarna på Västerskäret i Lygna, jätteexemplaren av styvmorsviol och kvanne på Stora Vitkobb i Svenska Stenarna.

Jag hinner aldrig med det på en sommar.

Alla hamnar jag vill ligga i, alla människor jag vill träffa och ha trevligt med. Jag vill segla upp genom Husaröleden och ner längs vattenvägarna utanför Runmarö, Nämdö, Ornö, och jag vill göra det omständligt och med täta strandhugg. Jag vill ligga för ankar vid Sillö och meta upp mina frukostabborrar vid Örnkobben. Jag vill någon gång segla inåt, djupt in i de stora

"Alla hamnar jag vill ligga i, alla människor jag vill träffa och ha trevligt med."

Föregående uppslag: "Att upptäcka är att se. Inte bara spegla vad man har för ögonen eller projicera sitt jag på det. Utan verkligen se, se ut ur sig själv, öppna blicken."

"Det är så mycket man ska hinna, så mycket som uppfyller en sommar."

landen, så långt jag kan komma i ett allt trängre vatten, där vassen bildar skog kring klarvattnet och vinden bär hödoft och luften värmeglindrar över sädesfälten, till exempel in i Sundsviken på Värmdö. Och jag vill sätta fötterna på Ytterberget i Svenska Björn, inte därför att det är mycket att se, det är bara släta berget, men därför att det är det östligaste stycke berg man kan stå torrskodd på i Stockholms skärgård. Och därför att det vill till en sällsynt kombination av chanser för att man alls ska kunna komma dit: att brisen är mycket lätt, egentligen bara en kåre; att det inte går dyning; och att man råkar ligga i närheten när en sådan dag kommer, det vill säga i Skarv – och det är inte ofta man kan ligga i Skarv.

Jag hinner aldrig med det på en sommar. Och varje sommar ger dessutom nya upptäckter som jag sedan vill återkomma till. Nej, tjugu somrar är inte mycket. Det är absolut ingenting att slösa med på annat håll. Min landskapsupplevelse är starkast och rikast här, därför att den har djupa rötter i ständigt växande minnesavlagringar, rötter som når ner till barndomsupplevelsernas källvatten. Det enda verkligen nya man får uppleva som vuxen är kärleken. Allt annat som är värt ordet upplevelser är egentligen projektioner av de starka barndomsupplevelserna, de stora, utvidgande upptäckterna av världen och det egna jaget.

Att upptäcka är att se. Inte bara spegla vad man har för ögonen eller projicera sitt jag på det. Utan verkligen se, se ut ur sig själv, öppna blicken.

Varje upptäckt är en stimulerande injektion, en gåva av intensifierad livskänsla. Och förmågan att upptäcka stegras i ett landskap som man känner väl och där man följaktligen har skarpare blick för variationerna och finare känsla för nyanserna. Det är givande att vara sitt landskap trogen. När man nu är lycklig nog att ha ett landskap som ger hemkänsla, där själen trivs i kroppen.

[...]

Det är så mycket man ska hinna, så mycket som uppfyller en sommar.

Man ska tänka på vinterns behov bland annat, samla brännvinskryddor och tillverka essenser. Det är trevligt pyssel, en lek som ger stor tillfredsställelse.

Jag har ett schatull av teak som innehåller fyra essensflaskor; de ska fyllas. Och kryddorna får inte samlas när som helst och inte var som helst. De ska tas i rätt tid. Och de ska tas på rätt plats också, det gör leken roligare. Röllekan ska vara från Runmarö, porsen från Möja, johannesörten från Gillöga och angelican från Svenska Stenarna, då är det rätt. De fyra essens-

flaskorna är ett alltid tillgängligt, alltid laddat associationsbatteri. Att en vinterdag öppna schatullet, välja en flaska och försiktigt utmäta en droppe i middagssupen – doften kittlar näsan, supen går ner och minnet blommar upp i hjärnan.

Och vad är det för bilder supen framkallar, vad är det man starkast minns av en sommar? Det är ofta markant händelselösa situationer, ögonblick som blev händelser därför att man just då var öppen för dem.

En juniafton i Karklöfaret, på väg till Svartsö. En naken, kylig afton med döende rester av dagens byiga väder. Båten gjorde ännu god fart och sundet i fråga stod öppet på sin höjd en halv minut. Solen var fri i väster, men molnsjoken drev över zenit, vattnet låg blysvart med en vasst vit skumrand mitt i sundet; den färska vassen i en strand lyste ettergrön i det sneda påljuset. Och på ett grund i sundet stod en flock måsar vända mot vinden med krävorna rosafärgade av nedgångssol.

En andlös högsommarmorgon i Lygna, varm och silverblek. Skären låg i förklarad frid och båten flöt som på luft i den ljusa blankheten. Inte en rörelse, inte en skälvning i strandgräsets spegling. Jag såg ingen fågel men hörde åt alla håll, dämpat, på obestämbar distans, svärtruggarnas pip och svärtornas skrockanden. Jag tog jollen och gled ut genom ett sund, ut ett stycke på fjärden; lät den sedan flyta i tystnaden. De andra utskärgårdarna låg utsträckta på oändliga avstånd, nerkrupna, nersmultna mot synranden. Utåt släta havet låg den porslinsvita speglingen av ett stackmoln som bullade upp sig över horisonten, och som var skarpt avskuret av horisonten, utan disigt mellanspel; och annars skulle jag inte ha vetat var horisonten fanns åt det hållet. Överallt på vattenhinnan svävade fågeldun, krumböjda, speglade. En svärtas skrockande lång borta kursiverade den andlösa stillheten.

[...]

Det är sådana glimtar, sådana intensivt levande ögonblick man starkast minns och längst bevarar. Det är de som omedelbart anmäler sig i hjärnan och har kraft att fortfarande avsätta sin sötma i sinnet. Börjar man sedan gå igenom sommaren är det ju mycket man minns som inte lever kvar på samma spontant blommande sätt, men som man har glädje av nu därför att man hade glädje då, därför att man minns att det var sköna stunder.

"De fyra essensflaskorna är ett alltid tillgängligt, alltid laddat associationsbatteri."

"Att en vinterdag öppna schatullet, välja en flaska och försiktigt utmäta en droppe i middagssupen ..."

Ur boken *Skärgården – en rapsodi*, av Sven Barthel 1952.
Illustrationer Roland Svensson.

S-368

EN FRANSYSKA I SKÄRGÅRDEN

CHRISTINE SALÉN

Hembygden sedd genom främmande ögon blir ny och spännande. När den franska världsomseglaren Christine Guillou första gången kom till Stockholms skärgård fann hon något hon sökt på de stormiga världshaven – en hemvist. Hennes berättelse om mötet med vår övärld är en historia om kärlek.

Föregående uppslag: En Albin Express söker natthamn i skymningen vid Stora Nassa.

Skepparen Eric Tabarly (längst till höger) och hans besättning på "Pen Duick" efter ankomsten och segermeddelandet i Sandhamn. Tabarly var löjtnant i franska marinen och hans gastar var värnpliktiga. Gotland Runt 1967.

Finns det något mer fascinerande än att utforska en världsstad från vattnet? Jag har haft förmånen att få segla in i New York, Sydney, London, Venedig och Stockholm. Förtrollningen är total när man för spinnaker i tjugo knop glider förbi Frihetsgudinnan, operahuset i Sydney, Markusplatsen och Stockholms skärgård och sedan lägger till mitt inne i dessa städer.

Första gången jag hörde talas om Stockholms skärgård var i samband med tävlingen Course de l'Europe. Det var 1993, när Gérard Petipas lanserade förslaget att avsluta den kända kappseglingen i Östersjön.

Arrangörerna hade lagt upp en fantastisk bana i sex etapper och samlat ihop en ansedd flotta bestående av såväl enskrovsbåtar från Whitbread och Vendée Globe som spektakulära 60 fots flerskrovsbåtar.

Efter starten i La Rochelle (Frankrike) i slutet av maj skulle de tävlande anlöpa Spanien (Gijón), Frankrike (Cherbourg), Holland (Rotterdam), Danmark (Köpenhamn) och Finland (Helsingfors). Målgången skulle ske utanför en ö som heter Sandhamn, vid inloppet till Stockholms skärgård.

Även om de flesta skepparna var bekanta med Nordsjön var det få som hade dristat sig ända till Skagerack eller Östersjön. För de flesta tävlingsdeltagare (Grant Dalton, Isabelle Autissier, Ross Field, Loick Peyron med flera) innebar detta tillfälle det första besöket i vikingarnas farvatten.

På den tiden seglade jag en Open 60, "Ville de Cherbourg". Jag hade tillbringat nio månader instängd på ett varv i La Rochelle där jag deltagit i byggandet. Äntligen var det dags att ge sig ut och pröva båtens potential. När starten gick för Course de l'Europe var båten splitterny och besättningen enormt motiverad att föra den enastående konstruktionen till seger.

Ombord hade vi äran att segla med en av seglingsvärldens levande legender, Eric Tabarly. Han ligger bakom seglingssportens enorma popularitet i Frankrike och var den förste fransmannen som besegrade våra brittiska grannar i English Transat. Ända sedan början av 60-talet har han bidragit till att få den breda allmänheten att drömma om, och få upp ögonen för, flerskrovsbåtar, solokappsegling och äventyrssegling. Han har seglat på världens alla hav, över alla oceaner och längs nästan alla kuster på vår jord och är utan tvekan den samtida skeppare som har tillryggalagt flest nautiska mil i sitt liv.

Det var Eric som första gången berättade för mig om Stockholms skärgård. På sextiotalet hade han vunnit Gotland Runt med "Pen Duick" och efter det hade han återvänt flera år för att segla en utsökt vacker träbåt byggd efter en ritning av Fife och som en av hans svenska vänner hade renoverat.

Det var kärlek vid första ögonkastet. Hur har moder natur kunnat sätta ett sådant underverk till världen?

Nästa uppslag: "Ända sedan denna första erfarenhet av Stockholms skärgård drömmer många utländska seglare om att komma tillbaka och med båt utforska alla delar av denna labyrint till sjöss." Gråskärsfjärden.

Med stor inlevelse berättade Eric om alla dessa tusentals öar, alla små naturhamnar, alla träbåtar som ligger förtöjda vid något träd, och sjökort översållade av skär och grund. "Jag älskar den skärgården", sade han.

Efter två veckors intensiv tävling hade vi utfört vårt uppdrag och fört vår storslagna röda båt till seger i det årets Course de l'Europe. Det är alltid lika svårt att förstå hur mycket man kan fästa sig vid en båt. Banden blir ännu starkare när man har varit med under tillverkningsprocessen från början till slut och den första segern kammas hem redan i första tävlingen.

Allt var mycket välorganiserat. Framme i Sandhamn möttes vi av en följebåt bemannad av Scandic hotell (som skulle komma att bli vår partner i Gotland Runt) och lotsades in i skärgården. Det var tur att vi hade lokala lotsar. Vi hade nämligen fokuserat på strategin och sträckan mellan Helsingfors och Sandhamn, och hade därför inte tittat närmare på navigeringen för färden genom skärgården in till Stockholm. Vi hade inga sjökort och alltså ingen aning om hur stor skärgården är. Det kändes som rena rama labyrinten!

När vi väl hade gått i mål i Sandhamn blev Eric som en liten pojke. Han tänkte bara på en sak: att ta en skärgårdsbåt ut till en ö i Stockholms norra skärgård där han skulle tillbringa några dagar kryssande mellan öarna med vännens Fife-båt.

Jag förstod snart varför han var så upprymd. De första minuterna i skärgården finns för alltid etsade i mitt minne.

Tiden stod stilla. Hela besättningen stod tyst på däck och begrundade landskapet. Det var kärlek vid första ögonkastet. Hur har moder natur kunnat sätta ett sådant underverk till världen?

Väl inne i Stockholm öppnade sig himlen, det var kallt, det var visst vad som brukar kallas svensk sommar. Men det gjorde detsamma, alla var fortfarande trollbundna efter första mötet med skärgården och den mäktiga ankomsten till centrala Stockholm. Båtarna förtöjdes vid kajen nedanför det kungliga slottet och kommentarerna lät inte vänta på sig. Besättningarna på flerskrovsbåtarna var fortfarande omtöcknade efter inseglingen i skärgården. En av dem berättade: "När vi hade passerat mållinjen for vi fram i full fart på ena skrovet. På strand stod folk och skrek: 'Kom igen! Det är rakt fram, bara rakt fram!! ...' Vi forsade fram i tjugo knop genom ett hål som knappt var större än trimaranen. Det var overkligt."

Mötet med skärgården, den fantastiska flottan av en- och flerskroviga båtar som låg förtöjda vid slottskajen, mottagningen med kungen i Blå Hallen där Nobelpriset delas ut ... initiativtagaren Gérard Petipas kunde känna sig stolt. Tillsammans med det ansedda Kungliga Svenska Segelsällskapet, KSSS, hade han anordnat den mest hisnande målgången i Course de l'Europes historia. Vi hade alla blivit andlösa vid ankomsten till Stockholm. Vilket bemötande! Vilken klass!! Vilka omgivningar!!!

Året dessförinnan hade arrangörerna för Course de l'Europe valt att förlägga starten till Venedig. Denna mytomspunna, magiska plats hade också fascinerat besättningarna mycket. Men omgivningarna, naturen och landskapet runt lagunstaden gick inte att jämföra med den natur vi mött när vi närmade oss Stockholm.

Ända sedan denna första erfarenhet av Stockholms skärgård drömmer många utländska seglare om att komma tillbaka och med båt utforska alla delar av denna labyrint till sjöss.

En del av besättningen – jag var en av dem – bestämde sig efter målgången i Course för att stanna kvar och fortsätta att utforska Östersjön och delta i Gotland Runt. Denna tävling är för svenskarna vad Fastnet Race är för britterna. En stor seglingsfest som går av stapeln strax efter midsommar.

År 1996 blev Christine Guillou, som hon hette då, skeppare i Team EF: en manlig och en kvinnlig besättning på varsin båt skulle delta i Whitbread. Christine till rors på "EF Education". Till höger genuabyte.

Man måste för övrigt bo i den höga Nord för att förstå innebörden av midsommarfirandet. I Frankrike firar man gärna olika tillfällen med en flaska gott rödvin. Men jag måste erkänna att jag sällan sett en dylik tillställning. Midsommar i Sverige vet inga gränser! En liten snaps har nog inte riktigt samma inverkan som ett litet glas rödvin!

Starten för Gotland Runt hade just gått och jag tänkte på en ovanligt träffande metafor som Michel Joubert, konstruktören bakom "Ville de Cherbourg", använde för att beskriva en enskrovig båts flata botten. Han sade att det var "ett skrov som kunde klubba ner sill". Redan det första tävlingsdygnet när vi seglade i dikt bidevind, i vindar på tjugofem–trettio knop och krabb sjö förstod jag snabbt vad uttrycket innebar konkret. Östersjöns innanhav förvandlas till en kokande kittel. Så fort vinden friskar i förvandlas havet till ett kort, högt skvalp som Open 60-båtarnas platta, planande skrovform passar dåligt för. Bilden av båten som slår i havet och drämmer till Östersjöns stackars sillar i huvudet är mycket träffande.

För de bretagnare som fanns med ombord och som var vana vid Nordatlantens långa dyningar och stormar var Östersjöns skvalp mycket oangenämt.

Vilken glädje att än en gång få gå som vinnare över den intagande mållinjen nedanför den lilla boden på ön utanför Sandhamn! Det var båtens andra seger och även den andra segern för en fransk båt i Gotland Runts historia. Den förre segraren var ingen mindre än Eric Tabarly som trettio år tidigare hade vunnit tävlingen ombord på "Pen Duick".

Stämningen under prisutdelningsceremonin var också trevlig med den rätta blandningen av slips och kostym och rock'n roll.

Resan i vikingarnas land närmade sig sitt slut, men jag hade lovat mig själv att komma tillbaka och utforska denna marina lustgård som svenskarna gömmer på.

Tre år senare, när jag just hade seglat två tävlingar i rad, två transatseglingar med två i besättningen, AG2R (Frankrike–St Barthelemy Västindien i en nio meters Figaro-Beneteau) och TwoStar (Plymouth–Newport i Open 60, "Ville de Cherbourg"), fick jag ett telefonsamtal från Sverige. En svensk organisation drev ett omfattande projekt som höll på att ta form, med två båtar som skulle delta i Whitbread, den berömda jordenruntkappseglingen. Tanken var att låta en manlig och en kvinnlig besättning delta i tävlingen i samma team med samma tekniska förutsättningar. Det första i sitt slag i Whitbreads historia: Team EF.

Jag blev erbjuden en plats, och att delta i Gotland Runt för att bekanta mig med besättningen. Gotland Runt, skärgården, de små trähusen i vattenbrynet, midsommar ... Jag kände mig mycket motiverad och tog första bästa flyg.

Omgivningen var densamma. Identisk med den rena, ogrumlade bild som jag hade bevarat av skärgården. Den här gången hette de lokala guiderna som körde ribbåtarna mellan Stockholm och Sandhamn Magnus Olsson, Klabbe Nylöf och Rickard Brisius. De känner skärgården utan och innan. Till en början hade jag svårt att förstå hur de kunde navigera i fyrtio knop mellan alla grund, utan så mycket som en blick i sjökortet. Senare skulle jag komma att inse att med lite träning är det fullt möjligt.

Efter den klassiska turen runt Gotland gick vi över samma mållinje vid den lilla boden utanför Sandhamn. Den linjen symboliserar för mig mer än något annat inloppet till Stockholms skärgård. Det blev den tredje segern, men den här gången med en helt kvinnlig besättning, första gången i Gotland Runts historia. Det var så det gick till när jag kom med i Team EF till Whitbread 1997–98.

Dambåten "EF Education" och herrbåten "EF Language" träningsseglar, "tunar", inför Whitbread – 1997/98.

Efter hemkomsten från det långa, stora äventyret runt jorden vände jag upp ett oskrivet blad. Man koncentrerar sig så på sitt projekt att allt kretsar kring teamet i nästan två års tid. Familj, vänner, hus, livet på land ... allt känns avlägset. För havskappseglare som går i land är det ofta svårt att återgå till ett "normalt" liv. Fördelen med ett oskrivet blad är att man kan få lite perspektiv på saker och ting och själv välja hur man vill fylla det. När man har ett val att träffa i livet och vet vad man tycker om och inte tycker om är det ibland nyttigt att göra en sammanfattning av läget och ge sig möjlighet att ägna sig åt det som intresserar en. Själv tycker jag om snabb, rolig, extrem segling, äventyr med stort Ä, naturen och dess vidder och människorna i kappseglingsvärlden ... Tack vare de ingredienserna växte idén fram att sätta samman ett extremrace för segelbåtar i skärgården. Archipelago Raid var född.

År 2001 arrangerade vi en första testupplaga av tävlingen tillsammans med Atlant Ocean Racing. Till skillnad från klassiska kappseglingar skulle konceptet för Archipelago Raid vara anpassat efter skärgårdens geografi och vara tillräckligt extremt för att locka kända och erkända seglare från hela världen. Så fick Ellen McArthur, Neal och Lisa McDonald, Franck Cammas, Steve Ravussin, Emma Richards, Rodney Arden med flera tillfälle att utforska och lära känna skärgårdens skrymslen och vrår.

Under fyra dagars och fyra nätters intensiv segling (nästan nonstop) skulle de tävlande i Archipelago Raid segla mer än femhundra nautiska mil på jakt efter checkpoints som fanns utspridda bland de hundratusen öarna i Stockholms, Ålands och Finlands skärgårdar. På fyra dagar skulle de få se mer av skärgården än vad de flesta svenskar hinner med under ett helt liv.

Skärgården och dess natur gör tävlingen unik. Få platser i världen erbjuder möjligheter att segla nonstop, dag som natt, på en katamaran på 5,5 meter. De höga latituderna 59–60° Nord gör det möjligt att utnyttja de ytterst korta nätterna, och det unika omfånget på de tre skärgårdarna tillsammans (en yta på nästan hundra nautiska mil i kvadrat) gör det möjligt att lägga upp en extraordinär bana.

Archipelago Raid gav mig en utmärkt ursäkt för att mer ingående utforska hemligheterna som döljer sig i de tre skärgårdarna. För att kunna staka ut en riktigt svår bana med varierande och för omgivningen typiska checkpoints måste man segla kors och tvärs genom skärgården sjömil efter sjömil.

Rekognosceringen är ett äventyr i sig, lika spännande som själva tävlingen. Utrustade med GPS, kikare, sjökort och all annan nödvändig navigationsutrustning gav vi oss regelbundet ut på jakt efter nya bryggor och stränder

Ellen McArthur försöker navigera bland grynnorna under Archipelago Raid 2003.

"Enda sättet att hitta dessa platser är att besöka så många bukter, vikar, sund, uddar och fjärdar som möjligt." Lilla Nassa.

som vi skulle kunna använda som checkpoints under tävlingen. Dessa platser finns sällan utmärkta i böcker och sjökort. Enda sättet att hitta dem är alltså att leta efter dem och besöka så många bukter, vikar, sund, uddar och fjärdar som möjligt. Vi tog oss sällan fram på skärgårdens "motorvägar". För att göra navigeringen svårare under tävlingen letade vi upp stränder och bryggor som var dåligt utmärkta och svårtillgängliga – med roddbåt, segelbåt, motorbåt, flyg, alla sätt är bra för att utforska och upptäcka nya pärlor.

Vanligtvis brukar man göra rekognosceringen under lågsäsong, på våren, då skärgården ligger öde och det fortfarande går att möta lokalbefolkningen på ett naturligt och okonstlat vis.

Invånarna är ofta blyga och reserverade, men tycker om att i mindre sällskap berätta om sin isolering, isen och livet vintertid, öns och familjens historia. Som den unga kvinnan på trettio år som bodde ensam med sina föräldrar på en ö i den finländska ytterskärgården. På frågan "Hur länge har ni bott på ön?" svarade hon "I sju generationer"!

Och döm om vår förvåning när vi några sjömil därifrån stötte på en japan. Han hade blivit inbjuden av två finska affärsmän och med dem åkt ut i taxibåt för att med egna ögon se de exotiska, isolerade skärgårdsöarna. Efter en värmande bastu, ett dopp i det iskalla vattnet och en utsökt måltid i det lilla huset vid vattnet var han säkert så förtjust att han utan att tveka undertecknade ett fördelaktigt kontrakt mellan Japan och Finland.

Kontrasten mellan de närliggande storstäderna Stockholm och Helsingfors och öbornas fullständigt isolerade liv är i våra dagar oändligt fascinerande.

I dag tillhör jag den privilegierade skara som bor året runt i skärgården. Att bo med ena foten i vattnet och så nära naturen gör att jag dagligen kan njuta av det speciella skärgårdsljuset och de stora kontrasterna mellan de fyra årstiderna. Jag tröttnar aldrig på att följa höststormarna, skiftningarna i isen på vintern, flyttfåglarna på våren och den strida strömmen av båtar som passerar så fort sommaren är här ... Det är en märklig kontrast att befinna sig isolerad mitt i naturen endast en halvtimme från centrala Stockholm.

Årets alla dagar, oavsett om det regnar, blåser eller snöar, går vår färd till fastlandet i en liten öppen motorbåt, utsatt för kyla och vind. En sträcka som normalt tar fem minuter kan bli timslång mitt i vintern. Då får man i mörker slå sönder isen och bana sig fram samtidigt som man måste väja för de gigantiska Finlandsfärjorna. På vintern är varje resa ett äventyr.

När väderförhållandena är svåra händer det ibland att jag tänker på kom-

ANAGGA

Efter start i den vackra åländska skärgården, på väg tillbaka till svenska sidan av Ålands hav under Archipelago Raid 2004.

pisarna i Vendée Globe som ensamma seglar jorden runt, kryssande mellan isbergen på de sydliga latituderna. Det är ett säkert sätt att relativisera den egna färdens prövningar. Särskilt som man en halvtimme senare får krypa in och värma sig vid spisen och beundra den fria utsikten över skärgården.

Vintertid är vi så gott som ensamma om att ge oss ut på sjön varje dag för att ta oss hem. Besöken är få. Men så fort det vackra vädret är tillbaka åker båtarna i sjön. Och då är det en njutning att kunna stanna kvar i skärgården söndag kväll när alla fritidsseglare vemodiga måste åka tillbaka till stan.

Och vilken glädje, inte minst för en sjöman, att ange latitud och longitud som enda adress för våra besökare. Det är nästan så att man kan glömma hur tunga och tråkiga de oändliga vinterkvällarna är.

Här ute är säsongen mycket kort. Redan i mitten av augusti lämnar svenskarna skärgården och återgår till livet i stan. De mysiga restaurangerna som ligger utspridda i övärlden slår igen i väntan på nästa säsong. Det är synd. Enda anledningen för mig att bo i Sverige är att bo i skärgården. Det är en livskvalitet som inte kan köpas för pengar. Därför ville jag dela denna upp-

täckt med människor som liksom jag själv älskar att resa, segla och utforska sällsynta platser. Archipelago Raid var ett utmärkt tillfälle.

Varje år förbluffas seglare från hela världen av det vackra landskapet och förvånas över att de aldrig har hört talas om denna härlighet tidigare. Skärgården är väldigt underskattad utanför Norden.

Efter fascinationen kommer förvåningen. De förvånas alltid när de får se sjökorten. Det behövs femtio kort för att täcka in de tre skärgårdarna. Hur orienterar man sig första gången när man inte har någon egentlig uppfattning om hur vidsträckt den världen är? Namn som Sandhamn, Nynäshamn, Fejan, Mariehamn och Nagu säger dem ingenting. Öarnas namn är helt omöjliga att uttala för en utlänning. De känner sig fullständigt desorienterade och har ofta svårt att fråga fritidsseglarna om vägen, där de lugnt kryssar med familjen mellan öarna utan att så mycket som titta i korten.

Det är utan tvivel ett handikapp att vara utlänning i Archipelago Raid. Men det gör utmaningen desto intressantare! Under första testupplagan som vi arrangerade 2001 fann sig fransmannen Franck Cammas och schweizaren

Steve Ravussin snabbt i navigeringen. De ledde och visade vägen för de nordiska tävlingsdeltagarna.

Året därpå var det Klabbe Nylöf och Magnus Woxen som vann. Magnus kan skärgården på sina fem fingrar efter att ha tillbringat många år där med segelbåt. Efter tävlingen medgav han att han "sneglat" i kortet en gång för att kontrollera den exakta positionen på ett skär mellan Finnhamn och Rödlöga där det är proppfullt med grund. Resterande del av banan klarade han utan att använda sjökorten. Men i Ålands och Finlands skärgårdar var han inte längre på hemmaplan och fick precis som övriga tävlande navigera med hjälp av korten.

Samma år blev Neal och Lisa McDonald redan de första nautiska milen varse hur svårseglad skärgården är. Efter en knapp timmes tävlan, när de skulle gå genom Stegesund, följde det legendariska paret från Volvo Ocean Race den lokala skepparen Pia l'Obry. Pia kan just den biten utan och innan och tog en genväg utanför den utmärkta farleden. Neal och Lisa följde henne i kölvattnet. En minut senare hade de gått på grund på skären, och med spinnakern hängande började de driva med strömmen mitt i sundet. Åskådarna samlades. Det var söndag kväll efter midsommarafton, den dag då trafiken i skärgården är som mest intensiv. Alla fritidsbåtar och färjor tvingades backa i det trånga sundet. Neal och Lisa hade bara missat en liten detalj när de följde efter Pia. Hon hade fällt upp centerbordet för att gå fri från grundet!

Skymningssegling på skärgårdsfjärd.

Att segla i skärgården är en lustfylld upplevelse som kräver ständig koncentration första gången. Det blir ännu mer invecklat när man i fyra dagar och fyra nätter, nästan nonstop, ska kappsegla kant i kant med snabba katamaraner i vatten fulla av grund. Att lägga till är svårt, i det närmaste omöjligt.

Björn Hansen, en trogen deltagare i Archipelago Raid, har inte missat en enda tävling sedan starten. Första året kapsejsade han efter några timmar. Resultatet blev att han tappade sin GPS och sina sjökort. Motiverad och inte ett dugg avskräckt hittade han en turistkarta på baksidan av färjetidtabellen. Efter en kort diskussion med lokalbefolkningen lyckades han få några fingervisningar om kurs, sjömärken och farledens märkning så att han kunde hitta vägen till nästa checkpoint: Rödlöga. Ingen enkel match. Rödlögas skärgård är ovanligt svårtillgänglig med oändliga grund. Som genom ett underverk anlände Björn till Rödlöga mitt i natten.

Efter två dagars intensiv tävling i Stockholms skärgård ska de tävlande i Archipelago Raid korsa "havet" som skiljer Sverige och Finland åt.

Föregående uppslag: "Utlänningar känner sig fullständigt desorienterade och har ofta svårt att fråga fritidsseglarna om vägen, där de lugnt kryssar med familjen mellan öarna."

"De har seglat bland de tusentals öarna sedan barnsben och njuter varje sommar av att få komma ut hit – men inser kanske inte riktigt hur unik denna värld är."

Att korsa Ålands hav är för svenskarna som det är för fransmännen att korsa Engelska kanalen. Problemen med överfarten är mindre (mindre strömmar, mindre trafik, kortare avstånd) men å andra sidan är desorienteringen lika påtaglig. Man kommer till ett annat land: Flaggor, språk, valuta, mat, mentalitet, sjömärken – allt är annorlunda, till och med klipporna ändrar färg.

Det är bara tjugofem nautiska mil som skiljer de två skärgårdarna åt och det är fascinerande att upptäcka att skärgården på andra sidan är ännu större. Man kan ägna ett helt liv åt att utforska detta universum. För vissa delar av Finlands och Ålands skärgård är förresten sjökorten inte färdiga än. En del områden är vita, omärkta, utan djupangivelser. Det är som om alla grund fått kartograferna att tappa sugen och lämna området outforskat. Utan angivelser i sjökortet vågar sig inga båtar dit. Det är ett "no boat's land".

Navigationen i Finlands skärgård är ännu svårare än i Stockholms. Sjömärkena är färre och farlederna är oftast bara utmärkta med ett system av enslinjer. Det är inte ovanligt att hitta ett sydmärke där man väntar sig en grön prick, till exempel. Och när det händer är det ytterst förvirrande!

Sjömärkena är de enda säkra kännetecken man har att förlita sig på bland alla klippor och holmar. Så när riktmärket som man trodde var tillförlitligt inte längre är det lägrar sig tvivlet några sekunder. Ibland måste man till och med sakta ner och kontrollera positionen för att vara säker på att man verkligen befinner sig där man vill vara.

När man har seglat i Finlands skärgård och kommer tillbaka till Stockholms via Söderarm, får man lätt intrycket att man befinner sig på en motorväg. Överallt är huvudfarleden utmärkt och stämmer exakt med sjökorten, färjetrafiken är intensiv, hundratals fritidsbåtar seglar lugnt beroende på vinden och passagen kantas av hus och gästhamnar.

Svenskarna lever dagligen med skärgården runt hörnet. De har seglat bland de tusentals öarna sedan barnsben och njuter varje sommar av att få komma ut hit – men inser kanske inte riktigt hur unik denna värld är.

Jag brukar säga att svenskarna är bortskämda med naturen. Det är de medvetna om, och de respekterar den. Det är lätt att förstå varför de håller denna trädgård hemlig och vill skydda den mot turistindustrins skadeverkan. Att ta sig fram för segel är bästa sättet att utforska skärgården samtidigt som man bäst bevarar denna storslagna natur.

Översättning från franskan Åsa Larsson

A
S-136
136

UNGA SJÄLAR

LENNART KOSKINEN

Seglingens väsen lockar kanske allra mest i unga år. Därför bedriver KSSS ett intensivt arbete med barn och ungdomar där ett av de mest uppskattade inslagen är lägerverksamheten. Och ett läger kan sträcka sig mycket längre än till att enbart lära sig segla ...

Föregående uppslag: "Dream society kallas den nya tiden ibland. Kompisarna är viktigare än föräldrarna. Harry Potter är mer bekant än Bibeln."

Mutor för att få ungdomarna att göra det erforderliga antalet lektioner och kyrkobesök har klokt nog nästan helt upphört. I dag konfirmeras ingen längre för att få en moppe.

Sedan 1973 har KSSS bedrivit kombinerade seglings- och konfirmandläger, först på Lökholmen och sedan några år tillbaka på Långholmen i Furusundsleden, där det finns en gammal tradition med konfirmandläger och en nyligen upprustad väl fungerande anläggning.

Kombinationen segling och konfirmation låter kanske i förstone inte så självklar, men erfarenheten från mer än trettio år säger något annat. Ungdomar i femtonårsåldern sprudlar av aktivitetslust, och ingen orkar ägna sig åt aldrig så viktiga livsfrågor hela dagarna. Att då varva samtal, föreläsningar och självstudier med att ge sig ut i båtarna är en utmärkt stimulans för både tanke och känsla. Det unika med KSSS-lägren är att de inte är seglarläger med konfirmation, men inte heller konfirmationsläsning med inslag av segling, utan att båda delarna är så väl integrerade som möjligt.

Den konfirmationsförberedande tiden är i dag något helt annat än vad vi i föräldra- eller far- och morföräldragenerationen föreställer oss och kanske minns från vår egen lästid. Då var det att plugga katekes och trossatser som gällde, så att man skulle kunna svara rätt på frågorna i förhöret. Konfirmeras skulle man, vare sig man var intresserad eller kände att frågorna angick en, för så hade man alltid gjort. En tid var det presenterna som lockade konfirmander.

Glöm allt detta. I dag finns knappast någon social press på ungdomarna att konfirmeras, och statistiken har gått ner till femtioprocentstrecket för antalet som konfirmeras – i Stockholm mindre än så. Mutor för att få ungdomarna att göra det erforderliga antalet lektioner och kyrkobesök har klokt nog nästan helt upphört. I dag konfirmeras ingen för att få en moppe.

I stället ser vi en ny tid växa fram där de existentiella frågorna mer än på många sekler verkar stå i förgrunden. Jag såg en tidstypisk målning på en varuhusvägg i New York för några år sedan. Just den texten har jag sedan sett på internet och den har blivit något av ett slagord för många västerländska ungdomar. "We have everything – and that's all we have", stod det. Man vill visserligen ha, om inte allt, så i alla fall en hög materiell standard, men man söker aktivt efter något mer.

Frågor om relationer, vänskap och kärlek, står i förgrunden. Man vill bli sedd, älskad och få en identitet. Den viktigaste livsfrågan i dag – kanske inte bara bland ungdomar – är "Vem är jag?" och i förlängningen, "Vad ska jag göra av mitt liv?" Vilsenheten efter den ensidigt inriktade tillväxtfilosofin under 1900-talets andra hälft är monumental också hos delar av föräldragenerationen, och ungdomarna är pinsamt medvetna om det. Jag hör dem

KSSS LÅNGHOLMEN
TRYGG-HANSA

ofta säga när vi samtalar om framtiden att ”som mamma eller pappa vill jag åtminstone inte bli”. Och det är ofta framgångsrika föräldrar de talar om. Välutbildade, med god ekonomi, villa, båt och bilar, sommarstuga och skidsemestrar. Men inte sällan med två eller tre äktenskap bakom sig och ingen tid för barn, vänner och sig själva. Ständigt jagade och stressade.

Dream society kallas den nya tiden ibland. Kompisarna är viktigare än föräldrarna. Harry Potter är mer bekant än Bibeln. Och värdegrunden hämtas från nätet, reklamen och filmens värld. Sexualkunskapen från porren och utstötningsmekanismerna från Big Brother, Robinson eller andra såpor. Och samtidigt finns längtan efter det där andra som man inte riktigt vet vad det är.

Att då åka på ”konfa” i KSSS regi, möta fasta regler, vuxna förebilder och få äkta vänner i en fantastisk miljö och varva samtal och ”andliga hyss” med seglingsupplevelser och skärgårdskunskap är för många en dröm, vilket vi också ser på de höga ansökningssiffrorna. ”Andliga hyss” är ett paraplybegrepp som innefattar allt från avspänningsövningar, meditation, rollspel eller att man själv får baka söndagens nattvardsbröd. Det sista går till så att alla bidrar med en skopa mjöl, någon tillsätter vatten och några knådar degen medan andra bakar brödet i ett enda stort stycke. Vid nattvarden uttalar så prästen orden ”Ett enda bröd – en enda mänsklighet” innan brödet bryts och åter delas ut till deltagarna som plötsligt får en djupare insikt i nattvardens etiska dimension – nödvändigheten att dela med sig.

Andliga hyss har vi också för oss på Oljeberget, ursprungligen berget ovanför varvet på Lökholmen som vid oljekatastrofen 1978 var övertäckt med seg olja. Jag var själv med vid det besvärliga saneringsarbetet, och sommaren därefter började vi fira aftonbön på det nu rengjorda berget just före solnedgången i väster. Några av ungdomarna ledde bönerna, någon spelade gitarr och alla sjöng. Som Muminpappa blev jag ofta uppmanad att läsa ett stycke ur *Pappan och havet* eller *Muminpappans bravader*. Myspysrys var det vanliga omdömet, och kvällarna där uppe tillhör mina och många andras starkaste minnen från tiden på Löken. Sedan har beteckningen Oljeberget följt med till Långholmen, även om den ursprungliga platsen ligger kvar på Löken.

Jag har ofta noterat då jag tio femton år efter ett läger har vigt någon av ungdomarna, hur uppåt halva lägret fortfarande är med och håller ihop. Det är ofta i tonåren man skapar de mest bestående vänkontakterna, och tre veckor på konfa har varit en vändpunkt för många, många. Drygt ettusen ungdomar har vi konfirmerat på våra läger till dags dato, jag själv cirka fem-

”Några av ungdomarna ledde bönerna, någon spelade gitarr och alla sjöng.”

”Jag har ofta noterat då jag tio femton år efter ett läger har vigt någon av ungdomarna, hur uppåt halva lägret fortfarande är med och håller ihop.”

hundra. Och vänskapen består, sannolikt för att det inte bara har handlat om tillfälliga möten och fester, utan just denna unika kombination av samvaro, skärgårdsmiljö, segling och häftiga upplevelser, ofta i samband med samtal och reflektion över livets stora frågor.

Bland det mest minnesvärda i upplevelseväg är långseglingarna, som i många år gick till Lökaö nordost om Möja. Där döptes de ungdomar som ännu inte var döpta, där sov man under bar himmel eller, vid regn, i militärtält, där löstes livsproblemen vid nattliga samtal. Alla tog del i det gemensamma ansvaret, och för många var detta ett stort steg in i vuxenlivet. På morgonen seglade vi vidare till Möja kyrka och gudstjänsten där. Långseglingarna från Långholmen följer samma mönster, även om målen varierar och båtarna i dag är större.

För våra utlandsboende ungdomar har lägren haft en dubbel betydelse. Dels naturligtvis att få uppleva det som svenska ungdomar gör, men också att få lära känna föräldrarnas hemland från dess bästa sida i skärgårdsmiljö om sommaren, och här knyta kontakter både med andra ungdomar och med äldre ledare, liksom att få en andlig förankring i fosterlandets tradition och rötter. Och för de i Sverige bosatta ungdomarna betyder kontakten med internationella vänner och deras erfarenheter mycket.

Ungdomar har stor simultankapacitet. Vanliga seglarläger kan ibland bli nästan för intensiva, ensidigt inriktade på segling, båtvård och navigation som de är. (Jo, en del kvällshyss hinner de också med, som känt.) Men att kombinera läsning, samtal och andlig fördjupning med segling är normalt inget problem. Ofta väcks ett antal frågor under förmiddagens arbetspass, och frågorna följer med ut i båtarna och bearbetas i samtal med varandra, på ett sätt som inget vanligt grupparbete i skolan eller på ett seminarium kan efterlikna. Frågor som följer eleverna hela dygnet kan vara ”Döden”, ”Vad menar vi med kärlek?”, ”Vad är jag rädd för och hur möter jag rädslan?” eller ”Vilka är mina viktigaste förebilder – och varför?”.

Under dagens seglingar brukade jag själv ta följebåten ut till ungdomarna, hoppa ner i en jolle – vi hade tvåkronor eller stilljollar på den tiden – och initiera ett fortsatt samtal om de stora livsfrågorna samtidigt som jag gav dem en lektion i segling, sträckte skot och korrigerade kursen. Sen steg jag över i följebåten och besökte nästa jolle. På det viset kunde jag hinna med en sex sju båtar under dagen. På kvällen eller följande dag följdes frågorna upp, och man kan inte bli annat än imponerad av den normalt

höga klass reflektionerna och svaren visade – ett gott betyg åt KSSS-pedagogiken. Samtidigt väcktes frågor om teamwork, hjälpsamhet och ärlighet, liksom hur man ska stötta dem som lätt hamnar utanför. Klassiska kristna frågor alltså, som inte går att förmedla i klassrumsmiljön.

”För de i Sverige bosatta ungdomarna betyder kontakten med internationella vänner och deras erfarenheter mycket.”

Det finns en gammal pedagogisk princip som lyder: ”Etik går inte att lära ut, den går bara att lära in.” Det är en avgörande skillnad mellan att förmedla kunskaper om etik (som också behövs), eller för den delen Gud, och att öva sig i etik och själv sätta sig in i och i samtal med varandra reflektera över religionens väsen.

Seglingen då? KSSS är ju trots allt en segelförening och inte en gren av kyrkan! Jag menar på goda grunder att en ansvarsfull ungdomsverksamhet i dag, vare sig det handlar om fotboll, friidrott, golf eller segling, måste förmedla mer än en teknisk kunskap och övning i själva sporten. Vår värdegrund och de mönster vi har för att tyda livet och verksamheten genomsyrar all sportslig, liksom annan aktivitet. De präglar stämning, sammanhållning, motivation och förståelse för vad det är vi gör. Det är ingen händelse att idrottscoachning och

CRAFT

mental träning ofta är skillnaden mellan framgång och misslyckande.

Konfalägren är inte två skilda läger i ett, konfirmation och segling. De är invävda i varandra och betingar varandra ömsesidigt. Det är därför viktigt att ledarna både är erfarna seglare, goda pedagoger och själva bottnar i och har intresse för de andliga frågorna. De misslyckanden vi också har sett genom åren – eller låt mig säga den uteblivna optimala framgången – har oftast berott just på att man har särskiljt det ena från det andra på ett olyckligt sätt. Ibland har vissa ledare främst sett sig som seglingsinstruktörer med ett minimalt intresse för konfirmationsarbetet. Eller så har någon ledare inte visat sig hålla måttet vid seglingarna. Präster som inte är erfarna seglare hamnar lätt utanför den eftersträvade helhetssynen.

"Många av dagens unga framgångsrika kvinnor har en bakgrund på våra läger, och kopplar gärna samman minnena från den tiden med sin tydliga vuxenidentitet."

I samhället arbetar man aktivt med jämställdhetsfrågor, och till exempel diskussionen om större kvinnlig representation i bolagsstyrelserna är dagsaktuell. Särskilt inom idrottsrörelsen (som jag menar att seglingen tillhör) har kvinnorna ofta hamnat i strykklass.

Så är det inte på våra läger. Pojkar, flickor, unga män och kvinnor samarbetar på lika villkor och behandlas lika. Ett sätt att konkretisera detta var tidigt att låta pojkar och flickor dela stuga, dock i var sitt logement, men med ett gemensamt ansvar för hela stugan och dess vård. Arbetslagen sattes samman så att alla pojkar och flickor som sov på syd- respektive nordsidan bildade ett lag för aftonbön, kökshandräckning, sport och lekar. Ingen uppdelning efter kön alltså. Dessutom är det en uttalad målsättning med konfirmandlägren att stärka självkänslan och få hjälp att arbeta med sin könsidentitet, i både samlevnad, arbete och fritidssysselsättningar. Detta är ett av de områden där vi kanske har lyckats bäst. Många av dagens unga framgångsrika kvinnor har en bakgrund på våra läger, och kopplar gärna samman minnena från den tiden med sin tydliga vuxenidentitet.

Som gammal lägerchef och numera biskop möter jag dem ofta, inte bara i samband med att de ska gifta sig eller få sina barn döpta, utan även i arbetslivet och i olika samhällsfunktioner, liksom naturligtvis i seglingssammanhang. Den feedback man då får är det bästa skälet att låta de kombinerade konfirmations- och seglarlägren inte bara fortsätta, utan att utveckla dem.

S 40

ETT MÖTE PÅ ATLANTEN

INGER ALFVÉN

Det vilar en känsla av overklighet över författaren Inger Alfvéns möte med de två luggslitna männen i sin illa skötta båt utan sjökort. De säger bara sina förnamn, skryter friskt om sina bravader, låter sig fotograferas – och efter en stund skiljs de båda farkosterna åt igen efter sitt osannolika möte på öppet hav.

Föregående uppslag: Ensam i en bräcklig farkost. Bild ur filmen S/Y Glädjen.

"Vi låg med kurs på England, fjortonhundra distansminuters väg över öppet hav."

Historien sträcker sig över lång tid. Egentligen beskriver den två skilda förlopp som vid ett visst ögonblick kolliderar och på så sätt föder ett tredje, det som ska berättas. Det var en familj, Mikael, Gabriel och jag i den ena båten, en Allegro: 27, det var två yngre män i den andra, en illa medfaren träbåt. Det osannolika med vårt möte var att det ägde rum ute på Nordatlanten åtskilliga segeldygn från närmaste land.

Under femton månader i början av 1970-talet seglade jag tillsammans med man och barn från Sverige via Madeira och Kanarieöarna till Västafrika, varifrån nordostpassaden i sinom tid blåste oss över till Västindien. På hemvägen valde vi en nordligare rutt i hopp om att västanvindarna skulle föra oss tillbaka till Europa. Den sista hamnen på den amerikanska sidan var Bermuda, där vårens sensationella friskhet efter ett halvår i tropikerna är mitt starkaste minne. Sedan gjorde västan och sydvästan sitt bästa som handböckerna sagt och ett par präktiga lågtryck tog oss, inte särskilt bekvämt men ganska snabbt över till Faial, den västligaste av de azoriska öarna. Vi förälskade oss i dessa öar, de blev resans höjdpunkt, och tre år senare beslöt vi att under ett förlängt sommarlov segla tillbaka.

Vi kryssade större delen av vägen från spanska kusten till huvudön São Miguel, där vi träffade på Uno från Skåne. Han hade seglat till Peru, förälskat sig i Nelly som nu hade brudklänningen nerstuvad i packningen för en framtid i Sverige. Hon hade aldrig seglat förr och fruktade för sitt liv under de långa överfarterna på öppet vatten. Uno skrattade ömt och oförstående åt henne, trots att hon låg fastklamrad på lovartsidan, stel av skräck för att båten skulle kantra och slå runt. Vi fortsatte till andra öar och avslutade besöket på Faial, där vi målade ett minnesmärke över vår resa bland alla de andra på pirmuren, "Asiak 1972–1975". I augusti var vi tvungna att vända fören mot England och Sverige. Gabriel skulle ändå bli flera veckor sen till skolstarten.

Vi fick god skjuts i väg i en allt friskare sydväst, men första natten blev stökig. Hård byig vind, barometerfall, regn och vindkantring till nordväst. BBC talade om ett kraftigt lågtryck på väg in mot Brittiska öarna. Blinkande fyrar akterut på den sista ön Graciosa, allt högre fräsande vågor i mörkret, vitskummande av mareld. Mikael och jag delade på nattvakterna. Det första dygnet ute till havs fann jag ofta svårt. Sjösjukan som måste kureras med tabletter. Tankarnas vandring dit de inte skulle, känslan att det här kan aldrig gå väl, fantasier som det gällde att stänga in och täppa för. Sedan vande jag mig, fick sjöben, föll in i rytmen ombord.

"Jag anade snart att det jag tyckte mig se, en liten vit trekant på den öde prärien, kunde vara en annan segelbåt."

Vi låg med kurs på England, fjortonhundra distansminuters väg över öppet hav. Första anhalten var Ramsgate, ett stycke norr om Dover. Det var före den tid då deccanavigering och radiosändare blev vanliga på en båt av vår storlek. Vi använde oss av radiopejling och solhöjder, båten styrdes av ett quartermastervindroder, dekorerat med påklistrad svensk flagga och båtens namn.

Ett par dar senare fyllde Gabriel tretton år och vi firade honom som traditionen bjöd ombord med fruktdekorerad mixkaka och en lång snitseljakt, det vill säga, ett tiotal lappar gömda över båten där korsord, rebusar och gåtor angav nästa gömställe. Presenterna den här gången var ingenting mer än några småsaker från Sverige och en stor påse godis, inköpt på Faial. De riktiga fröjderna väntade i en leksaksaffär i England, modellbyggarnas förlovade land.

Samma natt for Gabriel som ett spjut genom ruffen upp i sittbrunnen och kräktes överbord. Sedan låg han utslagen och mycket öm i magen hela nästa dag. Mikael undersökte honom och vi tittade tyst på varandra. Kunde det vara de första symtomen på blindtarmsinflammation? Det dygn som följde var dämpat men fullt av beredskap. Gabriel sov mest. Mikael, som är kirurg, kontrollerade vårt förråd av antibiotika. Han bestämde åter vår position och undersökte hur vi skulle kunna tillkalla hjälp. Vi hade vår Mayday, en liten apparat som var mina föräldrars bidrag till långresan tre år tidigare och som vi aldrig använt. Nödraketerna låg stuvade i en sittbrunnsbänk. Först frampå aftonen löstes vår avvaktan genom en rännskita som i ett slag befriade oss från oron, magsjukan var förmodligen orsakad av det azoriska godiset som Gabriel med ensamrätt konsumerat. Erfarenheten sjönk undan, men en natt den hösten, då jag funderade på ett novelluppslag, drömde jag om en familj vars lilla barn dör i blindtarmsinflammation, medan båten driver hjälplös på Biscayabukten efter ett roderhaveri. Jag vaknade skakad och visste att båten hette ”Glädjen”. Det är ju sådana som drömmar är.

På femte dygnet till havs hände det något av helt annat slag. Jag hade förmiddagsvakten. Mikael och Gabriel sov ännu. Havet sträckte glittrande ut sig i solskenet, då jag plötsligt fick syn på någonting avvikande vid horisonten och satte kikaren till ögonen. Spänningen grep mig. Jag anade snart att det jag tyckte mig se, en liten vit trekant på den öde prärien, kunde vara en annan segelbåt. Mikael och Gabriel understödde min gissning. Några gånger hade vi hört om sådana möten, men under våra egna 30 000 sjömil hade vi bara träffat på ett och annat stort fartyg utanför trafikerade vatten.

Jag skulle skriva några artiklar för Båtnytt och behövde material. Som sensationerna till havs hittills inskränkt sig till delfinstim och en och annan portugisisk örlogsman (en brännmanet med segel) ivrade jag för att vi skulle försöka åstadkomma ett möte. Då solen gick i moln förlorade vi trekanten ur sikte, men sedan dök den fram igen. Som dagen led kunde vi konstatera att båten var på väg i samma riktning. Vi korrigerade vår kurs för att komma närmare vår färdkamrat. Och se! Den la om kurs och styrde mot oss.

Strax före solnedgången möttes vi. Havet var lugnt. ”Asiak” vaggade makligt som ett gammalt nötkreatur för sitt vindroder. Vi stod upp i sittbrunnen alla tre och tittade oavvänt mot den vita träbåten. I den labra vinden slog dess slitna grådaskiga segel mot en hög rigg. Till havs bär ingen seglare nationsflagg, den blåser sönder. Vi slog vad. Mikael och jag gissade på en britt, de var trots allt flest. Gabriel röstade för en fransos eftersom båten verkade så ovårdad.

"Vi anropade dem på engelska och de svarade på engelska, tills den blonde plötsligt brast ut på ren stockholmska: – De e ju svenskar för faen!" Inger Alfvéns första bild på den mötande båten.

Vi kom på tio tjugo meters håll och stod beredda med både leenden och höjd kamera. Det var två killar, den ene, den mörke, satt till rors i solglasögon trots det falnande ljuset, medan den andre, den blonde, energiskt stegade fram på fördäck. Och just då, i ögonblicket innan vi anropade dem, for som en ilning genom mig känslan av att jag gjort mitt livs misstag som drivit fram detta möte. Blixttanken: Det är pirater. De kommer att plundra och mörda oss. Vi hade läst om piraternas framfart främst på Afrikakusten, hur de kom i snabba motorbåtar, äntrade farkosten, rövade allt av värde och lämnade dess passagerare med i bästa fall livet i behåll. Genast efteråt kom skammen och suddade på känslan. Så kan man inte tänka om andra människor.

Vi anropade dem på engelska och de svarade på engelska, tills den blonde plötsligt brast ut på ren stockholmska:

– De e ju svenskar för faen!

Han hade fått syn på vår vindroderflöjel.

Vi samseglade under någon timmes tid. De tog ner sin fock för att vi skulle kunna hålla jämn fart med dem medan vi utbytte erfarenheter. Båten hette "Saga", killarna Karl och Erik. Karl satt dystert ruvande till rors. Erik var desto mer språksam. Båten var elva meter lång, riggen fjorton meter hög. De hade köpt henne i Frankrike och kajkat runt i Medelhavet, innan de seglade ut genom Gibraltar och satte kurs på Azorerna. Erik berättade om deras förmåga att ta sig fram, framhävde grabbigt deras våghalsighet, dykarbravaderna och det lyckade fiskafänget. De harpunerade fisk och levde på vad havet gav, något som vi aldrig lyckats med. Närmast kom de från São Miguel där de träffat Uno. Genom honom hade de hört talas om oss, och visste att vi lämnat den hamnen samma dag som de själva anlände.

Den första natten ut från São Miguel, sa Erik vidare, hade de råkat ut för full storm och skörat ett segel. Vi teg artigt med att vi varit ute i samma väder och att det knappast hade blåst mer än styv kuling i byarna. Kanske var de inte så vana seglare som de lät påskina? Också det vaga svaret "Nånstans i Engelska kanalen, kanske Holland", på frågan om destination fann vi en smula anmärkningsvärt. I vårt välplanerade seglarliv med noggrant studium av sjökort och böcker med beskrivningar av kuster och hamnar var en första angöringshamn efter en lång överfart en självklarhet och visserligen hade vi stött på många sorters seglare, men de här två tog ändå priset i lättsinnighet. Mikael frågade om de ville ha vår kompasskurs och position och det ville de gärna.

Sedan skildes vi åt. Konturerna av den höga riggen med sina makligt buktande segel blev allt otydligare och försvann snart föröver i det fallande mörkret.

Vi pratade om dem den kvällen, kommenterade att de varit ena riktiga äventyrare, därtill ovanligt skrytsamma. Kanske var det också först då som vi på allvar reagerade på att det bara varit Erik som hållit låda. Jag skrev artiklarna för Båtnytt. Sedan glömde jag hela historien. Den var en lustig episod, men knappast lika minnesvärd som vår kollision med en val eller när vindrodret havererat på Atlanten halvvägs till Barbados några år tidigare.

Föregående uppslag: "Båten hette 'Saga', killarna Karl och Erik. Karl satt dystert ruvande till rors. Erik var desto mer språksam."

"I söndagens Aftonblad figurerade Mikael tillsammans med dem på en grynig jätteförstoring när Erik med utsuddat ansikte överräcker en polaroidkamerabild till oss i det stilla vädret."

Ett och ett halvt år senare när jag satt hemma vid skrivbordet och skrev på min sjätte roman, *Dotter till en dotter*, som senare blev mitt genombrott som författare, ringde telefonen.

– Hej, sa en röst. Jag heter Gunnar och är god vän med Karl och Erik.

– Jaha?

Mitt minne var blankt. Inte kände jag någon Karl eller Erik.

– Jo, sa rösten. Ni träffades i segelbåt ute på Atlanten och nu skulle de

gärna vilja ha de där fotografierna som ni tog på dem. Tyvärr befinner de sig utomlands och därför har de bett mig att ringa.

Gunnar pratade på. Långsamt framträdde bilderna av händelsen. Fotona var framkallade sedan länge. Jag visste inte var vi stuvat undan dem.

– Ja, de betalar naturligtvis för dem, sa rösten.

– Det behövs inte, sa jag tjänstvilligt. Bara de skickar tillbaka dem när de kopierat för de är på dia.

Vid middagen berättade jag om telefonsamtalet. Mikael visste inte heller var bilderna fanns.

Två dagar senare ringde Gunnar igen.

– Har du skickat fotona?

– Nej.

Jag tänkte att om de väntat så här länge med att höra av sig kunde det inte vara särskilt bråttom.

– Nu kan jag säga sanningen, sa Gunnar.

Jag kände att jag blev en smula avvaktande. Det fanns alltså något som han dolt för mig?

– Det är så att Karl och Erik heter inte Karl och Erik utan Clark och Erik, fortsatte Gunnar. Och först i dag har jag fått Clarks tillåtelse att avslöja historien.

I mitt medvetande började det arbeta. Den enda Clark som jag kände till var Clark Olofsson, en av Sveriges mest ökända brottslingar.

– Jag är journalist på Aftonbladet, förklarade Gunnar. Erik och Clark befinner sig inte utomlands utan på anstalt, Erik i Halmstad och Clark på Kumla, och nu har Clark bestämt sig för att avslöja ännu lite till om sitt liv på rymmen. Då han berättade om seglingsäventyret kom han att tänka på mötet med er och att ni tog en massa bilder. Det är därför som jag ringer. Det vore ju bra för artikeln om vi kunde illustrera den.

– Hur lyckades ni spåra oss?

– Clark kom ihåg namnet på båten. Jag slog upp det i Kryssarklubbens matrikel.

Han berättade att Erik och Clark aldrig seglat innan de köpte ”Saga” och saknade kunskaper i navigering. Deras sjökort hade utgjorts av kartan i en fickalmanacka (Fan tro't) så våra upplysningar om position och kurs blev dem till stor hjälp. En Silvakompass var enda instrumentet ombord. Utan större missöden tog de sig till Holland och därifrån via Skagerack in i Kattegatt, men utanför Hallandskusten exploderade gasolköket och ”Saga” brann

Filmen S/Y Glädjen, byggd på Inger Alfvéns roman med samma namn, gick upp på biograferna 1989.

upp. Clark och Erik hamnade i vattnet där sjöpolisen plockade upp dem. Om vårt möte berättade Clark att han gripits av panik när han förstod att vi var svenskar. Han hade inte minst i samband med gisslandramat vid Norrmalmstorg ett par år tidigare varit hårt exponerad i media och fruktade att vi skulle känna igen honom.

Fotografierna hämtades med bud redan samma kväll. Vi tyckte att journalisten försökt lura till sig dem och beslöt att ta betalt för dem. Det var inget orimligt antagande att Clark tog bra betalt för att låta sig intervjuas. I söndagens Aftonblad figurerade Mikael tillsammans med dem på en grynig jätteförstoring när Erik med utsuddat ansikte överräcker en polaroidkamerabild till oss i det stilla vädret. Clark sitter mörk i bakgrunden med en svart pil ovanför huvudet, så att läsaren ska fokusera på rätt person.

Historien hade ju sina poänger och jag berättade den för en krets av familj och vänner, bland andra för min syster Nike. Hon i sin tur återberättade den för en granne, George, som var kanadensare och författare av filmmanus.

Något år senare påbörjade jag min nästa roman, *S/Y Glädjen*, som tio år efteråt blev film. Filmer som utspelar sig ombord på en segelbåt är ovanliga, men samma månad som *S/Y Glädjen* hade premiär gick en australiensisk thriller, *Lugnt vatten*, upp på en annan av Stockholms biografer. Jag såg den också. Liksom i *S/Y Glädjen* börjar filmen (och min roman) med att ett ungt par förlorar sitt barn i en olycka och ger sig ut på långsegling i ett försök att läka sorgen. Där slutar likheterna. I *Lugnt vatten* får paret en psykopat och massmördare ombord. George stirrade snopen på Nike och bekände plötsligt att han, på basis av min roman och mitt möte med Clark Olofsson, skrivit ihop ett manus som han skickade till ett filmbolag i England. Producenten hade svarat positivt och köpt option på manus för ett år, men sedan meddelat att han inte var intresserad.

Kanske var det först när jag fick höra att George 'lånat' min historia som episoden blev tydlig för mig som berättelse. Mötet med Clark Olofsson hade dittills bara varit något som hände mig och sedan glömdes och det var andra som måste väcka det till liv.

S/Y GLÄDJEN
Efter en roman av INGER ALFVÉN
Regi GÖRAN DU RÉES
LENA OLIN · VIVEKA SELDAHL · HANS MOSESSON · STELLAN SKARSGÅRD

S 8399

FRÅN INSJÖ TILL VÄRLDSHAV

STAFFAN SJÖBERG

Seglingens väsen lockar olika utövare, från njutningsmästaren och filosofen i sin lilla träbåt, via långdistansaren som korsar världshaven till den rastlöse sprintern som driver sin racer till det yttersta på en bana med ett enda mål: att vinna. Fredrik Lööf, med en makalös räcka segrar bakom sig, är en sådan sprinter.

Föregående uppslag: Så fostras en vinnare – pappa gav Fredrik en optimistjolle när han var fyra fem år gammal och de började segla tillsammans.

Trettio år senare: en tävlingsnarkoman på träningspass, med fokus på seger.

Fredrik Lööf är en vältränad, blond man i sina bästa år. På sin mjuka värmländska berättar han om vad som gör honom till en bra seglare och varför han älskar sin sport:

– Att vara hundraprocentigt ett med sin båt och komma i takt med vågor och vind, hitta skiften och känna förhållandet med de andra båtarna. När det fungerar, och samspelet med gasten i båten är bra – det är en stark njutning. Att vara ute i naturen och uppleva skiftningarna på havet, förstå sig på båten och kunna påverka den så den går fort ... det är segling för mig.

– Häromdagen fick jag frågan om vad jag gör för att koppla av. De som undrade brukar själva sticka ut och segla för att skaka av sig jobbet. Jag sa att jag brukar sticka ut och segla. Då kopplar du ju aldrig av, skrattade de och det är väl sant – men så stark är min dragning till vattnet och båten.

Fredrik är en utpräglad tävlingsmänniska; alltid först ut på träning i alla väder, året om, oavsett vindstyrka – gärna kuling och halv storm. Nöter envist moment efter moment – start, vändning, gip, kryss tills mörkret faller och långt därefter. Oerhört fokuserad. Segling till 110 procent, inget annat. Håller konditionen med två tre timmars fysisk träning dagligen.

Numera bor Fredrik Lööf i Oslo – och "numera" är bara en vecka gammalt när vi möts hösten 2004. Dessförinnan har han levt i kappsäck i många år, efter en början i förste riktige sponsorn Rolf Gustafsons (Resevaruhuset) garage på Djurgården drygt tjugo år gammal; en lovande yngling, nyinflyttad från barndomens Kristinehamn. Därefter, år ut och år in på träningsläger över hela världen, resande mellan tävlingar och regattor och, inte minst, KSSS i Saltsjöbaden.

– Hos dem fick jag en familj. Klubben står framför allt för tryggheten. Att komma ut till dem, prata med dem, leva med dem – det har varit mitt hem på jorden under seglingsåren. Med facit i hand borde jag till exempel ha tillbringat mer tid med träning ute i Saltsjöbaden, hos klubben, inför OS -04 än jag gjorde. Där har jag ett socialt liv i form av möten och träffar med personer som är relaterade till min Starbåtssegling. Men också att Rolf Gustafson, Börje Larsson och folk från min sponsor SEB kommer ut före och efter tävlingar och pratar med mig, som de gjorde i samband med OS i Aten.

– Och så har jag e-mejlkontakt med kansliet. De har blivit mina vänner – Fredrik Feldreich, Marie-Louise Johansson, Caroline Wessel, Janne Lundquist – de kommer fram och kramar om en när man kommer dit, man kan landa där, sitta och snacka ...

På fyra OS har Fredrik Lööf varit favorit inför två men bara tagit en medalj,

SEB
SEB

RONSTAN

Starbåtsklassen har kallats banracingens Formel 1. Fredrik Lööf på träningspass med gasten Anders Ekström.

ett brons – och det när han inte var favorittippad. I mästerskapsseglingarna har det gått bättre, underdog eller inte: 2001 tog han både EM och VM i Starbåt, dessförinnan har han tagit tre guld, tre silver och ett brons i Finnjolle-VM. EM-guld igen 2002 – och i april 2004 ännu ett EM-guld i Spanien ihop med gasten Anders Ekström. Ovanpå det VM-guld i Italien i maj – Fredrik hade gjort om bedriften från 2001 att vinna både EM och VM! – och förväntningarna inför OS var nu skyhöga på Europas och världens bäste seglare i Starbåtsklassen, banracingens formel 1.

– Min dröm var att göra det omöjliga 2004: vinna både EM, VM och OS samma år.

Men medan Fredrik hade hårdsatsat på EM och VM, avstod han från att segla för-OS i Aten 2003 och hade alltså ingen rutin på den seglingen.

– För att kompensera det bestämde vi oss för att åka ner till Aten redan i början av maj 2004 och träna på plats inför OS i augusti. Det var ett misstag.

Det tar emot för honom att tala om OS 2004, ett minne som smärtar.

– Tiden i Aten var för lång, det var inte skoj till slut. Trots perfekta förutsättningar för träning så var det inte bra; vindarna var för svaga, och vår mentala laddning räckte inte ända till OS – vi kunde inte hålla den nivå vi hade hållit under våren.

Redan första dagen under OS fick Fredrik och gasten Anders Ekström en dålig start och luften gick ur dem. Andra seglingen fick de en straff på sig och dömdes att snurra två varv i den lätta vinden med den tidsförlust det innebar, sedan tävlingsledningen bedömt att Anders hade rört sig för mycket sidledes i båten för att öka farten.

– Det satte sig i huvudet. Jag själv hade inte gjort något fel, men kunde heller inte ta ut ilskan och besvikelsen på min gast utan valde att behärska mig. Andra dagen fick vi tjuvstart, och min mentala approach påverkades; jag drev inte på min gast så mycket som jag hade behövt. Det hade varit bättre om jag blivit riktigt arg på Anders redan dag två och kunnat lägga motgången bakom oss.

Ändå var det ingen dålig tid som helhet i OS; trots de svaga vindarna var det häftig segling och Fredrik minns många sträckor med glädje. De vann trots allt ett race och blev tvåa i ett annat. Men det positiva energiflödet under uppladdningen hade alltför tidigt runnit ur dem, coachen passade inte teamet och de slutade OS på tolfte plats.

Vad var det som gick fel? undrar han efteråt och får hjälp av sina närmaste att utvärdera; både vännerna på KSSS kansli, mentale coachen Peter Sundelin

SWE
SWE
7650
7650
FRA
FRA
7869
7869
GER
GER
7638
7638
SWE
SWE

FIN
7758
ITA
7827
DEN
7147

och sponsorerna på SEB, främst koncernmarknadschefen Jan Torstenson och understundom vd Lars Thunell. Summeringen ser ut så här:

– Vi hade haft enorma framgångar i Starbåt de senaste fyra åren. Jag hade seglat den hårdaste etappen av Volvo Ocean Race – den över Södra Oceanen mellan Auckland och Rio – 2002, och egentligen vunnit mer än någon annan någonsin gjort. Samtidigt blev jag pappa – 2004 var ett underbart år trots OS-förlusten. Jag satt med Lars Thunell en hel förmiddag och pratade, och till slut frågade han: "Fredrik, vad kan vi göra för dig nu?" Och det är ju skönt att känna ett sånt stöd. Jag sade: "Det vi gör nu och det klubben gjorde för mig häromdagen, vi bara åt middag och snackade – det är nog." Det var deras förtjänst att jag repade mig så fort och inte gick och deppade.

Stödet från sponsorerna och KSSS är bara positivt, tycker Fredrik, som inte känner någon press på sig att prestera (troligen skapar han själv starkare press på sig än någon utomstående skulle kunna göra). Tvärtom, säger han, SEB och klubben har ju fått bra retur på sina pengar redan.

Och så turnerar han regelbundet till SEB:s avdelningskontor och föreläser, instruerar och visar upp segling för personal och kunder. Att komma hem, landa och skapa ett hem med flickvännen Maj Elin Storeide och nyfödda dottern Filipa i Oslo har också varit en utmaning för Fredrik.

– Det blir som ett vakuum efter varje stor anspänning och tävling. För mig är det lika svårt som nödvändigt att komma tillbaka till ett vanligt liv i samhället igen. Man får jobba sig tillbaka. Nu har jag besökt föräldrar och svärföräldrar och ätit middag hemma hos goda vänner. Bara att sitta still i tre timmar är jobbigt när det kryper i kroppen. Och jag känner mig lite korkad när det gäller samtalsämnen också, jag tar ju inte del av samhällsdebatten på samma sätt som andra när jag bara tränar och seglar.

Nu vidtar ny uppladdning och planering inför kommande fyra fem år. Fredrik ska skriva ner en plan för sin fortsatta segling, vad han vill göra, vilka båtar han vill segla, vilka tävlingar han vill delta i – och vilka han tänker vinna. Planen lämnar han sedan in till KSSS, Svenska Olympiska Kommittén, sponsorn SEB och Svenska Seglarförbundet. Dessa fyra poler styr sedan hans liv: räknar upp och delar ut sponsorpengar och annat stöd, coachar och samtalar, sporrar och tröstar vid behov.

– Jag ska fortsätta med Starbåten och träna med ett amerikanskt team som jag gjort under tre fyra år. Det är inte omöjligt att jag deltar i någon Finnjolleregatta. Segla mera singlehanded och doublehanded, en- eller tvåmansbåtar på öppet hav. Jag vill segla mera Volvo Ocean Race och kan tänka

mig att gå in i en satsning – kanske inte hela racet, men i alla fall en eller flera etapper. Erfarenheterna från förra seglingen lockar mig att fortsätta och lära mig mera. Men det är nog det hårdaste man kan göra. Många pallar varken fysiskt eller psykiskt.

Fredrik har själv skrivit i tidningen Segling nr 3/2002 om upplevelserna i Volvo Ocean Race 2002 där han seglade ombord på "Amer Sports One" under skepparen Grant Dalton. Enligt både denne och Roger Nilson, som var navigatör, var det den värsta segling någon av dem upplevt på Södra Oceanen. Ur Fredriks skildring:

> Vindstyrkorna låg på ett genomsnitt på 30 knop (c:a 15 m/s) med toppar på 45–50 knop – stormstyrka. Båten hade en genomsnittsfart på 22 knop, ofta var vi uppe i 28–30 knop. Vågorna som båten surfade på var enorma. Det var inte ovanligt med höjder på 12–15 meter. När båten var på toppen av vågorna och jag tittade ner så såg jag inget slut. Det var bara ett stup. Sedan rusade båten nerför denna oändliga rutschbana. Och plötsligt tog det tvärstopp. Då dök båten som en torped in i nästa våg och vattnet bara

Föregående uppslag: EM i Starbåt i Åhus 2001, Fredrik Lööfs första tävling i denna båtklass. Han vann överlägset. Gast ombord var Magnus Liljedahl, numera OS-medaljör i Starbåt.

Fredrik deltog i hårdaste benet av Volvo Ocean Race 2002 ombord på "Amer Sports One". Båten hade en genomsnittsfart på 22 knop.

Före-efter: Värmländsk sexåring i optimistjolle på Vänern, guldmedaljör med fighting face i OS- och VM-seglingar.

vällde in över däck. Det var ungefär som att någon sköljde över däcket med en jättelik brandspruta.

Skildringen innehåller möten med förrädiska isberg, extrem trötthet efter långa pass på däck, ständig kyla och fukt, blöta kläder, skyttegravsfötter och förfrysningsskador. Ändå vill han ut igen.

– Jag vill lära mig att segla en stor båt och utvecklas på det. I början när jag mönstrade på kunde jag inte styra båten. Trimma kunde jag, men inte styra. Jag hade knappt seglat med spinnaker innan, bara matchracing, men inte med en båt som susade fram med trettiofem knop! Men så småningom växte jag in i det och mot slutet när vi korsade Atlanten hade jag riktig koll på ratten och kunde slänga runt med båten med gott självförtroende. Det vore kul att bygga vidare på det.

Men trots nyfikenheten på havskappsegling vet Fredrik att han hör hemma som sprinter på en bana. Det är tävling, medan havsseglingen är äventyr och uthållighet under extrema former. Inte idrott.

America's Cup då? Nja, där är det mest fråga om att lyda ett stort gäng managementgubbar som betalar och bestämmer allt, tycker han. Fredrik är en utpräglad individualist som vill vara ett med sin lilla båt och på sin höjd kan tolerera en gast. Och då ska det vara en gast som han står ut med, en som har samma ambitionsnivå och kan fokusera totalt på utmaningen ...

– Att starta på linjen med flera hundra Starbåtar – det är läckert. Att pressa båten till det yttersta och utnyttja varje vindskift, varje möjlighet till ökad fart. På Finnjollen kunde man inte trimma riggen – det kan man på Starbåten, trimma med vanten och backstagen och påverka båtens prestanda.

Om Fredrik brukar det sägas att han är en lysande taktiker och analytiker med en stark känsla för båttrim och, om det behövs, den fysiska styrkan.

Han föddes 1969 i Kristinehamn vid Vänerns vassiga vikar, som han uttrycker det själv. Pappa jobbade som ingenjör på KaMeWa och gav pojken en Optimistjolle av trä när han var fyra fem år och de började segla tillsammans. Till skillnad från många andra barn som får ett intresse slängt efter sig blev Fredrik inte avskräckt utan tvärtom biten på en sekund. Uppväxten fylldes med optimisttävlingar, han minns särskilt en som kallades Älgen.

– Jag var nio år och hade just fått en ny optimistjolle. Älgen var en distanssegling för mellan tjugo och trettio båtar och jag tävlade mot killar som var fjorton femton år och tillhörde Sverigetoppen i sin åldersklass. Jag visste hur jag skulle komma till den där ön vi skulle runda, visste hur jag skulle segla,

F
SWE
560

fick ett par bra skift och ledde. Men sen visste jag inte vart jag skulle ta vägen. Då väntade jag in en annan båt, lade mig efter honom och hittade vägen till mål. Kom tvåa efter honom.

Han var hjälpinstruktör redan i nioårsåldern – eleverna var tre fyra år äldre, Sverigetvåa i Optimist vid tretton, seglade VM i Rio samma år, gick över via E-jolle till OK (fjärde plats i VM 1987) och sedan Finnjolle. Då var han mogen för ungdomslandslaget och skrev 1986 en målsättning, med önskat resultat i alla tävlingar; "det stämde sedan rätt exakt, faktiskt". Vid sjutton års ålder stöddes han av Kristinehamns stad och dess lokala sponsorer, åkte från tävling till tävling ute i Europa, gick teknisk linje på gymnasiet och fick sin största kick någonsin i Finnjolle-VM 1994.

– Det var enormt häftigt. Jag visste att jag kunde vinna, jag hade ju varit med och kämpat mot de stora pojkarna i flera år och så fick jag äntligen titeln!

Vid en tävling mötte han så Rolf Gustafson, mångårig seglare i KSSS och framgångsrik företagsledare för Resevaruhuset. Tycke uppstod och Rolf erbjöd sig att stötta Fredriks segling, bjöd in honom att bo i sitt garage (jodå, det var fint inrett och möblerat, försäkrar Fredrik) invid villan i Djurgårdsstaden, med vattnet nedanför och Beckholmen mittemot. En perfekt miljö för segling, tyckte Fredrik som tackade ja till båda erbjudandena. Han började vistas ute på KSSS anläggning i Saltsjöbaden – och en perfekt drivhusmiljö för en ung seglare var skapad.

Jag får ett intressant svar på frågan om vad han drömmer om i dag:

– Hela tillvaron är en dröm, tycker jag. Och rena tävlingsresultat är ju en sak – det är vägen dit som är målet, prestationen är det intressanta. OS var bara ett stopp på vägen – eller, nej inget stopp utan ett steg framåt. Man lär sig hela tiden mera. Varje dag är en utveckling. I dag steg jag upp klockan sju och fick tillbringa morgonen med min dotter, gick till gymmet och hade ett underbart pass på två timmar, kom hem och träffade familjen igen – så enkelt och underbart kan livet vara.

Fredriks råd till en ungdom med seglingsintresse:

– Det viktiga är att du har skoj. Och blanda seglingen, träna och tävla i olika båttyper. Det borde jag ha gjort mycket mer. Annars blir man lite fackidiot.

Om framtiden efter seglingen:

– Jag kanske fullföljer min utbildning till idrottslärare, har ett eller två år kvar. Men jag ser inga problem att segla på toppnivå i tio femton år till.

Fast segla för nöjet – det ska jag göra hela livet!

Fredriks råd till en ungdom med seglingsintresse: – Det viktiga är att du har skoj!

icrosoft

ATT FINNA SIN VÄG

ROGER NILSON

Att navigera kan vara att finna sin väg över havet. Men det kan också vara en inre resa, där målet inte är en trygg hamn utan en själens harmoni, till vilken ingen GPS visar vägen. Roger Nilson har hittat fram på båda sätten.

Föregående uppslag: "Intensiv racing runt jorden, eller ett blåsigt Gotland Runt, kan föra oss till en stilla plats inom oss själva." Nedan: Roger Nilson på "The Card" 1989.

Den första söndagen i juli 1971 damp jag omtumlad ned i Sandhamn, bara någon timme före min allra första havskappseglingsstart. En helt ny tysk 65 fots kappseglingsbåt, "Iorana", hade genom KSSS sökt erfaren "local knowledge" för Gotland Runt.

Unge herr Nilson hade frimodigt anmält sig till KSSS gastbank och erbjudit sin kunskap som navigatör. Att jag aldrig navigerat en havskappsegling tyckte jag inte var nödvändigt att berätta för KSSS. Lugnt hade jag antagit att mina navigationskunskaper från sjöofficersutbildningen, uppgraderade med erfarenhet från tolv månaders cruising med större segelbåt, var nog.

År 1971 handlade navigatörens roll mest om att kontinuerligt uppdatera båtens position med största möjliga noggrannhet, hitta fram till rundningsmärken och gå rätt väg i förhållande till vind och ström. Att fastställa position och hitta märken tog minst lika mycket tid i anspråk som att förutsäga vindskiften och ström. Ironiskt nog sköts i dag den då så svåra och viktiga uppgiften att fastställa båtens position helt automatiskt av en maskin!

Inför start gjorde navigatören allt som stod i hans makt för att kompensera och deviera den vanliga magnetiska styrkompassen. En professionell kompassjusterare hade en viktig uppgift. Han skulle minska båtskrovets påverkan på den magnetiska kompassen så långt det gick. Sedan skulle han ange hur stor avvikelse som blev kvar och ta med denna i kursberäkningarna.

Yrkesrollen som navigatör har utvecklats sedan dess. Men någon kanske undrar hur detta relativt extrema liv på haven påverkat mig som människa? Nog kan jag betrakta mig som lite tokig, som i denna aktningsvärda ålder fortfarande inte lämnat vanan att "leka" med segelbåtar!

En sak är klar, att hitta vägen på det inre planet i livet har för mig varit svårare än att göra det på havet!

Intensiv racing runt jorden, eller ett blåsigt Gotland Runt, kan föra oss till en stilla plats inom oss själva som någon har kallat "the flow", helt enkelt en känsla av total närvaro där alla smärtsamma och "onödiga" tankar är bokstavligt talat som bortblåsta. En inre stillhet som för mig blev tydligare ju värre vädret var! Vilken perfekt situation: Jag gör något som är roligare och mer spännande än det mesta, jag kan leva på det och dessutom får det mig att känna en ro i mig själv som jag sällan funnit på landbacken. Kanske jag upplevt lite av samma känsla de dagar då jag vandrat i Himalaya, dykt i Indonesien eller glidit runt i ytterskärgården en stilla kväll. Eller kanske när jag bara upplevt en ändlöst vacker soluppgång någonstans i världen.

År 1971 var den elektroniska skovelhjulsgivaren i fullt bruk, och den flitige navigatören lade ansenlig tid på att skapa största möjliga noggrannhet genom att köra båten fram och tillbaka på en uppmätt distans. Lika viktigt var det att ha ett väl korrigerat ekolod som ofta nyttjades till att fastställa position, inte bara till att som i dag hindra bottenkänning. Orsaken till denna besatthet runt kompass, logg och ekolod var enkel, då död räkning (DR) och optiska pejlingar var de huvudsakliga metoderna att leta sig fram över havet.

"Det gällde att hålla sig tillräckligt nära kompassen för att göra bedömningen på egen hand."

En annan viktig faktor i ambitionen att hitta vägen var rorsmans förmåga att uppskatta sin styrda kurs. Jag brukade be om en sådan uppskattning var femtonde till tjugonde minut, varpå den lilla snutten kurs och distans plottades på sjökortet med blyerts nr 2. Vissa rorsmän var fenomenala på att göra denna uppskattning korrekt, andra närmast oförmögna eller för optimistiska, framför allt under kryss. Då gällde det att hålla sig tillräckligt nära kompassen för att göra bedömningen på egen hand.

Så sakteliga förbands de små blyertsstrecken från den stund vi lämnade vår senaste optiskt säkert pejlade fix, en bit ut från Almagrundet. De optiska pejlingarna gjorde jag alltid med kupolkompassen, som användes som styr-

kompass när så var möjligt. Den gav största noggrannhet. När segel skymde sikten togs den lilla handburna pejlkompassen fram, och ögat följde tålmodigt den svängande kompassrosen.

Spänningen var på hög nivå när vi efter många timmars segling närmade oss land eller ett rundningsmärke i havet. Hur rätt på märket skulle vi komma när det dök upp?

Den döda räkningen från logg och kompass jämfördes ofta med en serie mätningar av djupet som skrevs ut längs den sicksackande blyertslinjen. Stämde djupen eller inte? Kanske det fanns anledning att flytta den senaste DR-positionen ett stycke för att matcha bottendjupskurvan?

Ett tu tre dök något eller några optiskt pejlingsbara objekt upp, och osäkerheten i vår position kunde dramatiskt minskas. I detta ögonblick avslöjades ofta skillnaden mellan en bra och en mindre bra navigatör.

Ibland kunde så kallad radiopejling vara till nytta. I nattens mörker svängde man sin pejlantenn i sökande efter den minimala tonen som gav bäringen eller riktningen till radiofyren. Dock gav pejlen sällan bättre position än död räkning i våra vatten utan stark ström.

I brittiska och franska vatten, med tidvattnet virvlande, kunde en radiopejlad position då och då minska risken för att hamna helt fel, med missat märke som följd. Det var nämligen inte helt ovanligt att båtar seglade förbi ett rundningsmärke och generade fick se sig förlora dyrbar tid och snöpligen tvingas vända om. Det kunde hända den bäste om förhållandena var svåra.

En vanlig dag på jobbet. Ombord på "Intrum Justitia", Whitbread Round the World Race 1993.

I det vakuum som uppstod efter genomförandet av The Card Challenge, som varade i fyra intensiva år 1986–90, var jag helt klar över att en kontinuerlig inre stillhet, som jag hade smakat på, inte stod att finna i framgång och extrema prestationer. Framgången, insåg jag, fungerade bara symtomdämpande, inte som en bot för min inre rastlöshet. För att förstå det behövde jag dock en rejäl framgång i det yttre livet!

Plötsligt fann jag mig vara en sökare även på en inre resa. Där var målen inte lika tydliga som på havskappseglingsbanan, och att hitta rätt väg inte lika självklart som på havet. Äventyren till sjöss, med närheten till andra i alla tänkbara situationer, hade allt mer fått mig att förstå att de flesta av oss egentligen mest av allt söker en inre stillhet. Detta sökande tar sig uttryck på alla tänkbara sätt. Makt, pengar, berömmelse och ära, familj och barn, kvinnor, droger i form av allt från arbete till heroin, äventyr, kriminella handlingar – allt detta är ofta ett substitut för kärlek till och

WAR
LEWMAR

Föregående uppslag: Ombord på "The Card" under Whitbread Round The World Race 1989/90. I aktern syns den nödriggade mesanmasten som bröts av vid den kaotiska starten från Auckland, Nya Zeeland.

Utsikt från spinnakerbommen på "Intrum Justitia" under Whitbread 1993/94.

acceptans av oss själva, som vi kanske på ett eller annat sätt saknar på ett djupare plan.

Kanske skulle bibelordet "Du skall älska din nästa såsom dig själv" kunna skrivas om till att "Lär dig att älska och acceptera dig själv så att du förmår att älska din nästa". Att bli medveten om vad som finns i mig själv och acceptera alla de bra och dåliga sidor jag har, är kanske den väg som för mig nu känns viktigare att söka än att hitta rätt bland vindar och strömmar.

Att i dimma närma sig ett märke tyckte jag förr i tiden alltid var lika spännande, och ibland var känslan inte olik den vid roulettebordet, men oddsen kanske något bättre. Positionsbestämning var något av en konstart, där erfarenhet och noggrannhet liksom känsla spelade stor roll. Kikaren, ljus från bojar och fyrar och ljudet från mistlurar betydde också så mycket mer på den tiden. Till och med astronomisk navigation tjänade ett syfte på seglingar som Gotland Runt och Fastnet Race, där man färdades längre sträckor över öppet hav. Så sent som i Whitbread 1985–86 kom sextanten upp på däck sedan vår bräckliga satellitmottagare hade kortslutits av en lös skruv som inte ens Magnus Olsson kunde hitta.

Sedan vår nya superracer "Iorana" hade rundat Hoburgen om babord, vilket var brukligt på den tiden, började en lång, hård kryss till Svenska Björn som inte gav navigatören chans att sova många minuter. Jag tvangs till ett ständigt plottande och pejlande för att hålla oss nära gotska kusten, där sjön inte var lika eländig. Jag gick igenom en tuff diskussion med båtens taktiker som inte ville slita på besättningen med alla de korta slag som jag föreslog för att hålla kusten nära.

För första gången förstod jag att navigatörens roll var känslig i gruppdynamiken ombord. Det gällde att våga stå på sig i sina råd och argumentera för vägval utan att angripa någon med personliga, känslomässiga argument. Det andra jag förstod var att en nästan överdriven noggrannhet samt införskaffande av all tänkbar information var dygder som ledde till goda resultat. Det var just ett sådant envist utfrågande av lokalbefolkningen i Kapstaden som ledde till "Swedish Matchs" lyckade Whitbread-start. Vi gick 110 grader från kurs för att komma bort från Taffelbergets lovartsida, där den så kallade vindkuddeeffekten skapade ett vindlöst område.

När vi i en kylig hård nordan, efter trettio timmars kryss, tagit oss inom synhåll för Svenska Björn i detta mitt första Gotland Runt 1971, var stämningen ombord på "Iorana" extatisk. De tyska OS-seglarna kunde snart knyta fast vår fina farkost i Sandhamn hela åtta timmar före andra båt som var

ystitia

Stena Bulk
INNOVATION & PERFORMANCE
CONCORDIA
MARITIME
Stena Bulk
INNOVATION & PERFORMANCE
www.sovcomflot.ru
www.stenabulk.com
SOVCOMFLOT

Ombord på "Stena Sovcomflot", vinnare i Copenhagen City Race 2005, en deltävling i Nokia Oops Cup. Roger Nilson är navigatör.

Jacob Wallenbergs "Refanut". Vår ägare hade dessutom vunnit ett vad om ingåtts med "Refanuts" skeppare, vilken bjöd oss på middag på bryggan med vitdukat, kandelaberprytt bord. När gjorde någon en sådan gentlemannagest senast?

Navigatör Nilson kunde ha haft en sämre debut i sitt liv som havskappseglare. Vad som hänt inom området "att hitta rätt" sedan det tidiga 70-talet är dramatiskt. Vid slutet av detta årtionde var det märkligt att komma till Florida och finna att det radiosignalbaserade Loran-systemet gav en kontinuerlig, tämligen exakt position. Förutsatt att man visste att sköta sin ibland nyckfulla Loran-mottagare.

Några år senare hade Decca-systemet gjort sitt inträde inom cruising och havskappsegling och ungefär samtidigt hade vi det första Transit, det satellitbaserade navigationssystemet, tillgängligt. I alla fall på båtar som seglade Whitbread.

Den verkligt dramatiska förändringen var naturligtvis när GPS-systemet kom med sin kontinuerliga, nästan absurda, noggrannhet. Vad kan någonsin mer behövas för att hitta vägen? Till och med Volvo Ocean Race 2001–2002 litade så mycket på det amerikanska GPS-systemet att man inte ens krävde att vi skulle ha med tabeller för astronomisk navigation i pappersform! Det var tillåtet att endast ha denna information på datorn – som självklart kunde bli obrukbar. Vän av ordning som vill segla runt jorden tar också med sig ett par små handburna, batteridrivna GPS-mottagare.

Det händer ibland att jag undrar vad som skulle hända om amerikanerna beslutar sig för trycka på off-knappen för hela GPS-systemet. Åtskilliga båtar och fartyg skulle irra omkring vilse på världshaven. Jag tror att inte så många av oss navigatörer i Volvo-racet hade klarat oss i land utan GPS. Inte ens på vår båt hade vi astronomiska tabeller på papper för att vara oberoende av GPS. Oron över att vara beroende av USA har lett till att vi i Europa inom några år kommer att ha ett eget GPS-system, om jag förstått saken rätt.

Dagens jobb som navigatör på en professionellt seglad havskappseglare handlar uppenbart om helt andra ting än att veta var du befinner dig på havet. GPS tar hand om detta med fascinerande, nästan ofattbar, precision. Jobbet kan nu helt fokuseras på vägval, vindar och strömmar och att utnyttja båtens prestanda och segel under olika vindförhållanden.

Ombord finns nu kraftfulla datorer som hämtar vind- och ströminformation från internet, som till sjöss nås via GSM, Iridium eller andra Satcomsystem, av vilka det snabbaste i dag ger 64 kbits. Det är ungefär som hemma

Ombord finns kraftfulla datorer som hämtar vind- och ström-information från internet, som till sjöss nås via GSM, Iridium eller andra Satcom-system, av vilka det snabbaste i dag ger 64 kbits.

Seglingssporten har under de senaste trettio åren genomgått en metamorfos; från en total amatörsport till en allt mer professionell sport.

vid telefonlinjen. Avancerade mjukvaror som Deckman och Maxsea tar hand om det mesta och kräver "bara" rätt hanterande. Digital vindinformation, så kallade Grib-filer, kombineras med båtens specifika polardiagram (båtfart vid given hastighet och riktning på sann vind), och datorn serverar förslag till vägval över öppet hav.

Dessutom kan vi i dag med enkla medel samla in data under tester eller race, och långsamt men säkert skapa kunskap om båtens prestanda. Större projekt innehåller ofta, förutom navigatören, en person som är specialiserad på enbart taktik och prestanda. Taktik handlar om hur man placerar båten i förhållande till andra båtar och bygger mest på avancerad bankappseglingserfarenhet. Det är ofta lite ilsknare människotyper som är de bästa taktikerna, medan vi navigatörer vanligen är av det mer inåtvända, filosoferande slaget. I dagens seglingsvärld borde navigatören kallas för strateg eftersom strategi är hur vi placerar båten i förhållande till vädersystem, vind, ström, sjögång, landeffekter och molnbankar.

Seglingssporten har under de senaste trettio åren genomgått en metamorfos; från en total amatörsport till en allt mer professionell sport, även om

amatördelen alltjämt är den dominerande. Allas roller ombord har blivit mer specialiserade, så också navigatörens. Som femtiosexåring är jag kanske en av de få kvarvarande navigatörerna av den gamla stammen som överlevt datoriseringen. Det har inte alltid varit så lätt att sätta sig in i allt nytt som händer i sporten på detta område, men jag har tack vare min nuvarande medhjälpare Eduardo Valderas kunnat hänga med i svängarna. Eduardo är civilingenjör inom områdena data och elektronik. Utan honom eller liknande kunskap hade det varit svårt för mig att genomföra både Volvo Ocean Race med Amer Sports One liksom projektet runt jättekatamaranen ”Orange” 2003 och 2004, en båt som är fullproppad med datorer och elektronik. Yngre navigatörer har oftare en massiv kunskap om datorer, men även de har ofta en partner som jobbar med mjuk- och hårdvara inför start.

Rigg och segelplan på ”The Card”, mesanmasten längst till vänster.

”Som femtiosexåring är jag kanske en av de få kvarvarande navigatörerna av den gamla stammen som överlevt datoriseringen.”

Det sägs att de flesta av oss medvetet förstår kanske endast tjugo procent, och att resten förstås omedvetet. Under årens lopp har min medvetenhet förhoppningsvis vuxit några procent, och jag har lärt mig att acceptera mig själv lite mer. Därmed kan jag även acceptera omvärlden som den är och

"Jag kan inte påstå att jag har nått ända fram; jag är fortfarande på väg, men kanske hittar jag en dag hem till den plats där inget mer finns att söka ..."

inte som jag tycker den borde vara. Kanske det till och med är så att allt som händer helt enkelt måste hända exakt så som sker. I dokumentärfilmen "Jagets gåta", som visades på TV2 för några år sedan, sa filmaren Lena Einhorn att "allt tyder på att det personliga jaget är en illusion, men en mycket stark sådan ...".

Hon menade att det helt enkelt inte existerar något personligt i universum. Bara ett stort hav av energi i olika former. Eller som någon annan klok människa beskrivit tillvaron: "Du tror att du lever ditt liv, men kanske det i stället är så att livet lever dig!"

Efter många täta mellanmänskliga situationer ombord och i land har det blivit allt mer tydligt för mig att vi skulle må så mycket bättre om vi kunde sluta med att döma eller kritisera oss själva och andra. Att helt enkelt kunna acceptera oss själva och alla andra exakt som dem vi är. Jag kan inte påstå att har jag nått ända fram; jag är fortfarande på väg, men kanske hittar jag en dag "hem" till den plats där inget mer finns att söka ...

Min erfarenhet är att först kommer insikt och därefter den acceptans som är grunden till förändring av oss själva. Är vi tillräckligt omedvetna lägger vi ständigt skulden på andra för beteenden som vi inte sett eller ännu mindre accepterat hos oss själva. "Det du förkastar hos andra är sådant som du ogillar hos dig själv", har någon sagt. När en känsla av irritation eller hat mot någon hänger kvar i en längre tid, kan vi lugnt räkna med att det är våra egna tillkortakommanden vi speglar i den andre.

Många av oss som seglat något eller några varv runt jorden tvingas att spegla oss i varandra, men för min del var det först efter några veckors terapi som denna speglingsmekanism blev uppenbar på ett djupare plan än det intellektuella.

Vad vi gör i det yttre livet kanske inte är så viktigt – förutom att vi gör det som känns bra, stimulerande och roligt för oss själva. Kanske egentligen all verksamhet kan vändas till att bli ett verktyg för att utveckla oss själva och bli lite klokare. Att vi lyssnar på vårt hjärta och inte så mycket på andra och på omvärldens förväntningar hjälper oss en lång väg. Hade jag oftare lyssnat på mitt hjärta i stället för på mina tankar hade jag undvikit mycken smärta – men så var inte menat. I dag kan jag känna att varje erfarenhet, speciellt de smärtsamma, fört mig närmare ett mer balanserat liv.

Men så länge kroppen orkar kanske mitt liv fortsätter på havet, där jag alltjämt känner mig mest hemma. Vem vet hur och när denna spännande seglats slutar?

KSSS 1830–2005 KRONOLOGI

ERLING MATZ

Redan 1852 seglade för första gången en KSSS-flaggad båt på utländska banor då skonerten "Sverige" mötte den legendariska "America". Den gången blev det förlust, men nu firar Sällskapet 175 år av segling och framgångar.

STOCKHOLM 1830

Föregående uppslag: Seglarglädje en junidag 1915. Löjtnant Krokstedt, våghals och lärling till flygarbaronen Carl Cederström, tog bilden från masten.

Gravyr över Skeppsholmen och Stockholms hamn, tidigt 1800-tal.

”Sverige är Europas mest demoraliserade stat och Stockholm är staden med den lägsta moralen, den högsta brottsligheten och det största antalet utomäktenskapliga barn.” Skotten Samuel Laing gav ingen vacker bild av Stockholm på 1830-talet.

Men man behövde inte komma från Brittiska öarna för att upprörας över situationen bland huvudstadens åttiotusen invånare. ”Stockholm regeras av pöbeln”, skrev Andreas Möller och frågade sig om det över huvud taget var möjligt att uppfostra barn i huvudstaden.

Psalmdiktaren Johan Olof Wallin, kyrkoherde i Adolf Fredriks församling, dundrade redan 1810 mot snusket i Stockholm. ”Ur Klara sjös orena smörja”, varnade han, ”skall ju mera den efter hand förlorar egenskapen av rinnande vatten, bliva en aldrig sinande källa till sjukdomar, farsoter och pestartade febrar, vilka än en gång skola utbreda en digerdöd i Norden.”

Det är mot denna bakgrund vi ska se sex herrar promenera från Börshuset i Gamla stan, nedför Slottsbacken och till kajen vid Gustav III:s staty. Det var den 15 maj 1830 och solen gick ner sexton minuter över åtta. Det börjar skymma och de sex som varit på Par Bricole-ordens årsmiddag tar ut på stegen. Stockholm är som vi sett inte en särskilt hälsosam stad, framför allt inte efter mörkrets inbrott. Och de tänkte avrunda hos klädeshandlare Olof Fresk på Skeppsholmen.

Sällskapet bestod, förutom av Olof Fresk, av hovmarskalken friherre Johan Claës Fleming, byggmästaren och kaptenen vid konstruktionskåren Carl Fredrik Cimmerdahl, sedermera överkontrollören vid tullverket Jonas Falkenholm, kaptenen vid flottan, förste adjutanten hos kungen Erik Gustaf Lundstedt samt kofferdikaptenen och grosshandlaren Per Anders Nordwall.

De anropade en roddarmadam som för tre skilling rodde dem till Högvaktskajen på Skeppsholmen. Där, strax intill den provisoriska flottbro som ledde mellan Skeppsholmen och Blasieholmen, hade Olof Fresk sitt hem och lusthus och det var där Segel Sällskapet, dagens KSSS, grundades och hade sitt första möte.

Protokoll eller anteckningar finns inte bevarade, däremot några muntliga traditioner. De berättar om den trevliga stämningen under kvällen. Cimmerdahl sjöng sjömansvisor på blekingemål, Nordwall och Fresk sjöng duetter och Falkenholm spelade Mozarts B-dursonat på fiol.

"Sällskapets ändamål är endast att på allt möjligt sätt söka förbättra och uppmuntra segling i allmänhet för så väl mindre som större fartyg", hette det i det första uppropet.

Säkert var ett annat mål att i goda vänners lag komma bort från staden med den låga moralen, den höga brottsligheten och med ett vatten som mest liknade oren sörja. Carl Michael Bellman beskrev livet i Stockholm några decennier tidigare. Men det var minst lika bråkigt, brokigt, farligt och fattigt nu år 1830. Bellmans ironiska inledning till Epistel 33, den som innefattar "Stolta stad", var samma stad de sex som grundade KSSS kände:

> Ge rum vid roddartrappan. Undan birfilare, skoputsare, tullsnokar och matroser! – Hurra! Lägg till stjärten på ölkannan. – Trumf i bordet – Tig käring. [...] Kullerbytta med madamen i skjulet, citronerna på duken och spinnrocken på taket och holländaren på kistan. [...] Mak åt er sillpackare, bagarpojkar, nürnbergare, skräddare och fågelfängare. Stig undan herr uppsyningman eller nersyningsman eller vad du är för en brohuggare – Hjälp opp blinda gubben med liran. – Skuffas lagom. – Slå'n på truten. [...]

Och domedagsprofeterna hade rätt. Fyra år senare, 1834, drabbades Sverige av kolera för första gången. På bara några veckor insjuknade 24 978 personer. Hälften dog.

Att kasta loss och sätta segel var enda möjligheten att slippa den bullriga, stinkande, farliga staden. Och det var utåt Saltsjön man styrde.

Nästa uppslag: "... att i goda vänners lag komma bort från staden med den låga moralen, den höga brottsligheten och med ett vatten som mest liknade oren sörja." Utsikt över Stockholm från Mosebacke år 1846, fotot taget i samband med invigningen av Navigationsskolan.

KSSS första flagga med ett krönt "O" i mitten. Till höger: Upprop till allmänheten den 27 november 1830 för att starta Segel Sällskapet. De sex herrarna träffades hemma hos Olof Fresk på Skeppsholmen efter en glad kväll på lokal.

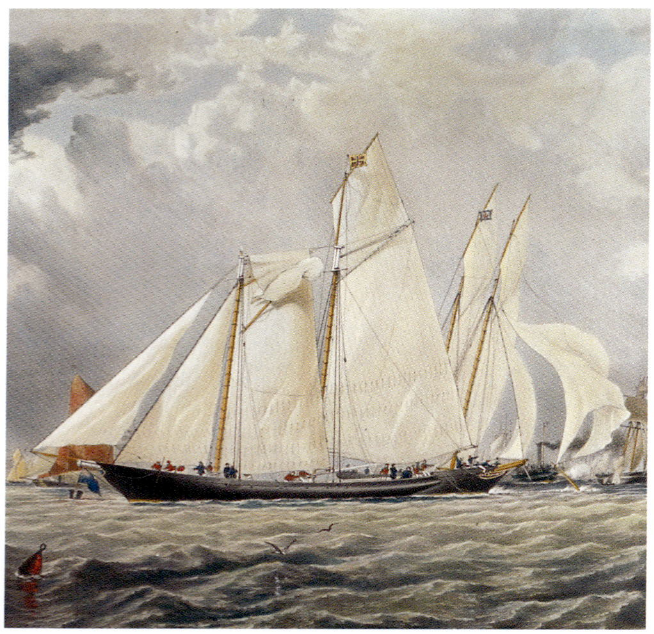

"America" vinner över "Sverige" utanför Isle of Wight 1852 i vad som sedan blev America's Cup. Nästa uppslag: KSSS bogserar båtar efter en segling.

1830
Sex herrar bestämmer sig för att bilda Svenska Segel Sällskapet. Det är den 15 maj. Ett första upprop till allmänheten skickas ut den 27 november.

1832
Kronprins Oscar blir Sällskapets beskyddare och Kungl. Maj:t utfärdar det första flaggprivilegiet. Svenska Segel Sällskapet tillåts föra tretungad flagg med ett krönt O i mitten.

1833
Sällskapet genomför sin första gemensamma segling. Provsegling kallas den i protokollet. Det är den 12 september och nio båtar deltar. Om det är en kappsegling eller segling i formation (kolonn, linje etc.) enligt mönster från örlogsflottan framgår inte av protokollet.

1840
Antalet medlemmar är 37.

1848
En ångbåt bogserar för första gången hem båtarna efter en segling. Sällskapet anordnar i allmänhet två seglingar per säsong.

1851
Skonerten "America" möter de främsta brittiska kappseglingsjakterna vid Cowes, Isle of Wight. "America" vinner pokalen värd 100 guineas. Pokalen kommer senare att bli känd som America's Cup

N:o 1.

De Herrar som önska att i egenskap af Ledamöter ingå uti ett Segelsällskap, behagade här nedanföre teckna sina namn.

Sällskapets ändamål är endast att på alla möjligt sätt söka förbättra och upmuntra Segling i allmänhet så väl för mindre, som större Fartyg.

Stadgarne skola, så snart de af H. K. H. Kronprinsen blifva gillade, Sällskapet föreläggas, och det enda Villkor, som nu kan bestämmas, är att Ledamoten förbinder sig att med görligaste första, och sednast inom 2:ne År, skaffa sig ett Fartyg, så stort att dess längd och bredd i fot, multiplicerade med hvarandra, Summan ej får understiga Tvåhundrade.

Stockholm den 27 November 1830

Claes Fleming. Carl Carlsson Bonde. G. Lundmarkstedt

Fabian Löwen. P. A. Nordwall. Olof Fresk

Zimmerdahl. Wackenholm. G. A. Wauer

Freder. W. Ehg. J. Åkerberg Fr. Rosenborg

KAPPSEGLINGS-SKONERTEN

SVERIGE

280 TONS O.M.

1852

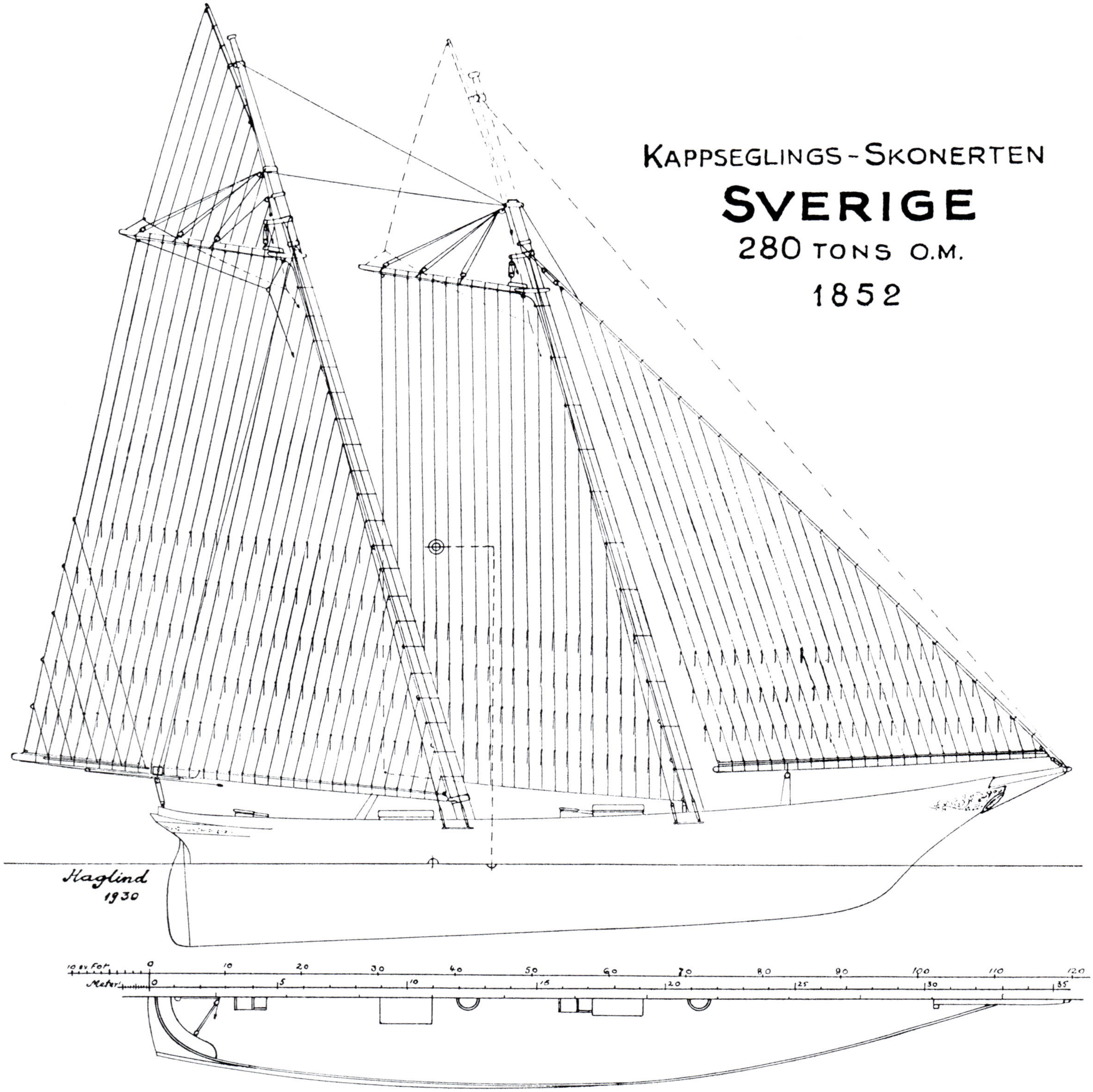

1852
Skonerten "Sverige" byggs för att möta den berömda "America". Skeppsbyggaren och initiativtagaren heter Johan Fredrik Anderson. "Sverige" seglar under Sällskapets flagga. Seglingen sker utanför Isle of Wight. Sverige förlorar.

1853
Den första mönsterbåten byggs. Det är en kutter med måtten 9,85 x 3,34, som byggs på Hults varv vid Vänern och döps till "Weilbach". Hon döptes senare om till "Olga" och havererade utanför Öland 1928. Kappsegling, eller provsegling, som var dåtidens begrepp, anordnas på Saxarfjärden. Starten sker vid Valöarna. För första gången seglar man på tid. Starten sker klockan 10 och första båt i mål vid Kodjupet är kuttern "Valan" med tiden 11.58. Det tog alltså närmare två timmar att segla den sex sjömil långa sträckan.

"Mången tror, att segling är ett icke allenast farligt utan även dyrt och osäkert sätt att komma fram." Christofer Lemchen.

1867
Sällskapet anordnar kappsegling mellan skärgårdsbornas storbåtar. Den uttalade målsättningen är att få allmogen att vårda sina båtar bättre.

1874
August Strindberg skildrar Sällskapets kappsegling på Kanholmsfjärden i Dagens Nyheter. Texten börjar: "Kanholmsfjärden ligger som en cirkus. Vita märren gnäggar i sina brädfogar och Harökvarnen sträcker på armarna och hjular på skogsbrynet."

SSS medalj med det ursprungliga krönta emblemet, präglad före namnbytet till Kungliga Svenska Segel Sällskapet 1878.

1876
Ett förslag om kappsegling på triangelbana avslås. Som tidigare ska seglingarna ske bidevind.

KSSS kappseglingar började uppmärksammas på 1860–70-talen. Här har konstnären Carl Larsson tecknat seglingen på Kanholmsfjärden den 2 augusti 1897. Nedan: KSSS första hemmahamn vid Kastellholmen 1884.

1878
Sällskapet blir kungligt och det officiella namnet blir Kongl. Svenska Segel Sällskapet. En triangelbana på tio sjömil läggs på Kanholmsfjärden. Starten sker bidevind vid Röko.

1880
Adolf Erik Nordenskiöld anländer till Stockholm med "Vega" efter den första färden genom Nordostpassagen. "Vega" förde KSSS flagga under hela resan.

1884
KSSS får tillgång till Kungl. Skridskoklubbens hus på Kastellholmen i Stockholm. Viken mellan Skeppsholmen och Kastellholmen blir klubbhamn.

1890
Intresset för Sällskapets kappseglingar på Kanholmsfjärden är så stort att brevduvor används för att flyga rapporter till Stockholm.

1893
Den första lottbåten byggs. Byggplats är Rosenviks varv och skrovet är i stål. Det är en båt med starkt utfallande stäv och häck – en nyhet i Sverige. Hon döps till "Puck". En förslag om att kvinnor ska kunna bli medlemmar i KSSS avslås. Motiveringen är bland annat: "Det är inte önskvärt att uppfostra feminina söndagsseglare, då vi tyvärr hava mer än nog av de manliga."

1897
Oscar II firar sitt tjugofemårsjubileum på tronen och en stor regatta anordnas i Sandhamn. 98 båtar deltar. Klubbhuset uppförs i anslutning till jubileet. Sällskapet deltar också i den stora Stockholmsutställningen på Djurgården. Kvinnor tillåts bli medlemmar.

John "Glas-Calle" Carlsson vinner Jubileumspokalen i Sandhamn med "Vikingen". Båten har delat lateralplan och fenköl. Seglingen går på Kanholmsfjärden och Glas-Calle vinner efter att ha protesterat mot den snabbaste båten – "Greta". Hon hade för lång spirbom, hävdar Glas-Calle. Inför häpna domare visar han upp spirbommen som besättningen slängt i sjön men Glas-Calle bärgat.

1900
John Carlsson vinner Jubileumspokalen för tredje gången med "Vikingen" och därmed för alltid.

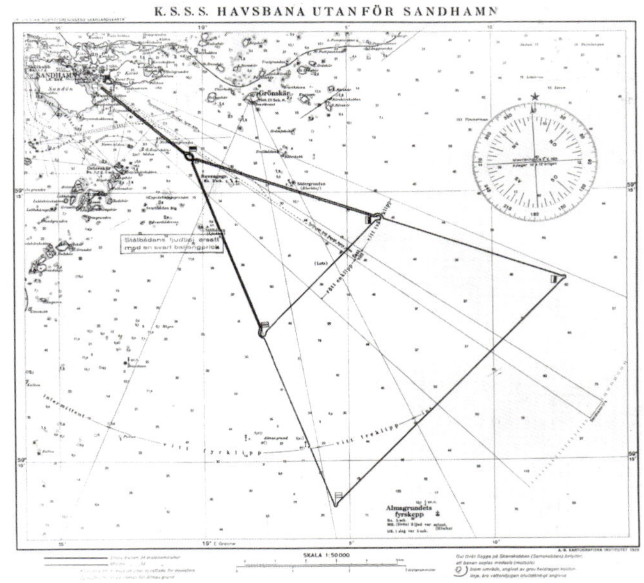

Exempel på triangelbana utanför Sandhamn. Före 1878 seglades tävlingarna enbart bide vind.

Båten på slipen heter "Puck" och är KSSS första lottbåt. Skrovformen med den infallande stäven är intressant.

”Friheten är barnet i människan, och segelbåten är frihetens instrument.” Sedan många år har barn- och ungdomsverksamheten varit i fokus för KSSS verksamhet.

Ovan och till höger: från OS-seglingarna i Nynäshamn 1912, där KSSS var arrangör. Sverige tar ett guld, två silver och tre brons och blir främsta nation totalt i spelen. Nästa uppslag: Svenska Amerika Liniens kryssningsfartyg ”Kungsholm” ankrar upp i Sandhamn i samband med KSSS 100-årsjubileum i juli 1930.

1902
Barnens kappsegling startas av KSSS i Sandhamn.

1907
En utmaning om America's Cup förbereds. Som rorsman är John ”Glas-Calle” Carlsson tilltänkt. Den femtio meter långa båten ska byggas av August Plym på Neglingevarvet och Gunnar Mellgren blir utsedd till konstruktör. En ekonomisk depression vid årsskiftet 1907–08 sätter stopp för projektet.

1906
Vinnarbåten ”Vikingen” sjunker under kappsegling på Kanholmsfjärden den 5 augusti.

1908
Sverige deltar i olympiaden i London. De två KSSS-båtarna, en R8:a och en R6:a, kommer sist. En Göteborgsbåt, R8:an ”Vinga”, tar silver.

1912
Sverige anordnar Olympiska Spelen. Seglingar går i Nynäshamn med KSSS som arrangör. Sverige vinner ett guld, två silver och ett brons. De stora framgångarna i segling är en starkt bidragande orsak till att Sverige blir främsta nation totalt i olympiaden.

1918
Den finlandssvenske konstruktören Gustaf Estlander deltar i Sandhamnsregattan med Skärgårds-22:an ”Colibri II”. Han slog tvåan med 22 minuter. Estlander hade konstruerat en helt ny båttyp inom gällande regel.

1919
Klubbhuset på Kastellholmen måste överlämnas till Marinen.

1930
Hundraårsjubileet firas i Sandhamn. 203 båtar från femton länder deltar. Henning Haglind och Erik Pallin är redaktörer för den 825 sidor tjocka jubileumsboken.

1935
KSSS arrangerar ett seglarting i Fårösund. 77 båtar kommer från nio länder. Här dras riktlinjerna upp för Gotland Runt. Kappseglaren John "Glas-Calle" Carlsson avlider. Den 18 augusti defilerar KSSS förbi hans ö Mansörn i samband med att urnan placeras i den kummelliknande graven på öns ostspets.

1937
Gotland Runt seglas för första gången. Start och mål ligger i Visby och båtarna seglar motsols runt Gotland. Banans längd är tvåhundrafemtio sjömil. Båtarna klassas efter Bermudaregeln och tyska KR-regeln. Sven Salén vinner enligt Bermudaregeln med "Havsörnen".

1939
KSSS lanserar tillsammans med Svenska Kryssar-klubben Östersjöregeln, sedermera Svenska Havskryssarregeln. Tillsammans med Båt- och Motorleverantörernas Förening anordnar KSSS båtutställningen "Allt för sjön". Tjugotusen besökare kommer till Ostermans marmorhallar.

Till vänster: De första båtarna fångar vind efter starten i den första Gotland Runt-seglingen den 10 juli år 1937. Ovan: Blöta men glada "havsörnar" i Oyster Bay. Fr v Bertil Carlsson, Sven Salén, Sture Lindgren och Tore Holm.

Skeppsredare Sven Salén, mångfaldig seglingsmedaljör i bland annat Entonnarcupen, Guldpokalcupen och Gotland Runt från 20-talet fram till 1950-talet.

Hamnexpeditionen, Sandhamnsregattan 1930.

The Sphinx Acre, ballongseglet som blev en legend och ny standard. Uppfinnare Sven Salén.

1942
Sällskapet har två lottbåtar av den nya konstruktionen Folkbåt.

1945
North American Station of KSSS bildas av KSSS representant i USA, greve Pehr Sparre.

1946
Lökholmen och Trollharan inköps av KSSS. Säljare är Kurt Heinecke, en något excentrisk man som uppfört de flesta byggnader, borgar och torn på de två öarna.

1948
De olympiska seglingarna går i Torquay i Engelska kanalen. I 6-M-klassen seglar KSSS-båten ”Alibaba”, ägare Sven Salén. ”Alibabas” roder godkänns inte och måste byggas om. Med Tore Holm som rorsman tar Sverige bronsmedalj.

1949
Klubbhuset i Sandhamn byggs om och den ljusa östra verandan skapas. Genom de låga perspektivfönstren är utsikten mot havet och hamnen magnifik.

1950
Sällskapet fyller 120 år och arrangerar seglingar om Guldpokalen i Sandhamn. 6:or från Finland, Norge och USA deltar. Arvid Laurin vinner med ”Trickson VI”. Karl Robert Ameln vinner Sinebrychoffpokalen i 8-M och Sven Salén vinner Entonnarpokalen i 6-M. Sällskapets Höge Beskyddare, Kung Gustaf V, avlider. Den 11 december meddelas att Kung Gustaf VI Adolf åtagit sig att bli Sällskapets Höge Beskyddare.

1951
En svensk båt deltar för första gången i Fastnet Race. Det är ”Circe” med ägare Carl Hardeberg. Konstruktörer Sparkman & Stephens. ”Circe” blir snabbaste båt runt banan och slår värsta konkurrenten ”Bloodhound” med elva minuter efter drygt fem dygns segling.

1952
Olympiaseglingar i Helsingfors äger rum utanför Gråhara. Sverige seglar till sig ett silver och två brons. Silvermedaljör blir Pelle Gedda med Draken ”Tornado”. Göteborgsbåten ”Hojwas” tar brons i 5.5-metersklassen och Richard Sarby i Finnjolle. Finnjolleklassen domineras helt av Poul Elvstrøm som vinner guld.

1954
Knud H. Reimers, den förste svensk som deltar i en utomeuropeisk havskappsegling, kommer på fjärde plats i Bermuda Race med ”Hazard I”.

1955
KSSS firar 125-årsjubileum med jubileumsbankett i Stockholms stadshus och jubileumsseglingar i Sandhamn. Nära trehundra båtar deltar från elva nationer.

1956
Två år efter Knud H. Reimers framgångar i Bermuda Race är det dags för första svenska segern. För bragden står Sven Salén som vinner och slår banrekord med ”Bolero”. Sverige erövrar också OS-guld i 5.5-metersklassen i Melbourne. Guldmedaljör är Lars Thörn och båten ”Rush V”.

Den klassiska restaurangbåten med det passande namnet ”Matvraket”, Sandhamn 1955.

Lasse Thörn (till vänster i bild) efter OS-vinsten i Melbourne 1956.

Sandhamn 1964. Jacob Wallenberg tvåa från vänster.

Pelle Gedda med besättning 1960: Anders Siewertz och Nils Skaar.
Motstående sida: Små bryggseglare, Sandhamn 1957.

1957
Gotland Runt-banan läggs om. Tidigare har man seglat motsols runt ön, nu läggs banan medsols. Avsikten är att undvika alltför långa slör- och länsbogar. Junioravdelningen tar över Lökholmen och arrangerar sitt första seglarläger där.

1959
Tillbyggnader på Lökholmen för att anpassa verksamheten till juniorlägret. Nu byggs stugorna Stjärna, Spätta och Ada.

1960
Sällskapets framgångar i seglingarna om Guldpokalen försvaras av Pelle Gedda. Han vinner pokalseglingen i Marstrand med 5.5:an "Wasa".

1961
Den sista lottbåten byggs. Konstruktionen av Knud H. Reimers döps till Fingal. Båttypen vinner Gotland Runt fyra gånger: 1963, -65, -67 och -69.

1963
Visby hamn byggs om och starten för Gotland Runt kan inte som hittills ske där. Sandhamn blir från och med nu både start- och målplats.

1964
Femton nationer tävlar om OS-medaljerna i 5.5-metersklassen i Japan. Lars Thörn tar silver med "Rush VI". Guldmedaljen går till Australien och brons till USA. Sverige får ytterligare en medalj. Det är Pelle Petterson som tar brons i Starbåt.

1966
Ulf, Jörgen och Peter Sundelin tar silver i VM i Int 5.5 M i Köpenhamn.

RESERVERAD PLATS
FÖR DELTAGARE I
REGATTAN
29/6 18⁰⁰ –
2/7 12⁰⁰
SAMT
5/7 08⁰⁰ –
6/7 18⁰⁰

1967

Sverige vinner Guldpokalen igen. Den här gången är det bröderna Sundelin med 5.5:an "Wasa III". Sju länder deltar och seglingarna går i Nassau, Bahamas. Arved von Gruenewaldt vinner VM i Finnjolle i Neapel.

1968

Kronprins Harald av Norge vinner Guldpokalen i 5.5 i Sandhamn i hård konkurrens med vinnarbåten från året innan, "Wasa III", nu med Sune Carlsson till rors. Bröderna Sundelin satsar i stället på olympiaden i Mexico och vinner guld i Acapulco med nybyggda "Wasa IV". Också i havskappsegling har Sverige framgångar. "Carina III", Bengt Nylén, och "Rendez-Vous", Henry Wallenberg, vinner nationstävlingen i Transatlantic Race.

1969

Peter Norlins Scampi väcker sensation och vinner Half Ton Cup i Sandhamn. Scampin fortsätter sedan att dominera Half Ton Cup i fem år. EM i Soling arrangeras i Sandhamn. Vinner gör Arved von Gruenewaldt. Sällskapet diskuterar om att ta fram en mindre och modernare juniorbåt som ska ersätta Stjärnbåten. Resultatet blir Mustang Jr med Pelle Gedda som initiativtagare. 1969 är också året då KSSS går in i dataåldern. Resultatuträkningar vid havskappseglingarna sker detta år för första gången med en datamaskin.

1970

Gotland Runt seglas enbart efter IOR och Carl-Gustaf Piehl vinner Genuaregattan i Soling.

Bröderna Sundelin blir "intervjuade" av norske kronprins Harald i Acapulco 1968 efter OS-guldet. Motstående sida: Inte så många knop på Gotland Runt 1967.

"Scampi" med Peter Norlin på rufftaket. Vinnare av Half Ton Cup 1969.

Ombord på "Midnight Sun".

"Orm af Ingarö", ägd av Aje Philipson, ofta med kung Carl XVI Gustaf ombord. Besättningen gjorde 1981 succé genom att starta i Gotland Runt iförd skepparkavaj och vita byxor.

1971
Peter Norlins konstruktion Scampi firar nya framgångar. Denna gång vinner den klasseger i SORC utanför Florida. Båten heter "Smuggler" och skepparen Bengt Jörnstedt. Ulf, Jörgen och Peter Sundelin vinner SM, EM och VM i Drake. Göran Tell tar brons i Starbåts-VM tillsammans med John Albrektsson.

1972
Sune Carlsson tar silver vid EM i Starbåt i Gottskär.

1973
Kung Carl XVI Gustaf blir Sällskapets Höge Beskyddare. Tom Löfstedt och Svante Enlund tar silver på Ungdoms-VM i Portugal.

1975
Salén–Fredell vinner VM i 6-M i Sandhamn med nybyggda "May Be X", en av de första moderna 6-orna. Magnus Olin vinner VM i Finnjolle.

1976
Den sista båten som byggs i trä på berömda Neglingevarvet är Peter Norlins "Agnes". Med henne vinner han en klasseger i SORC.

1977
Sune Carlsson tar silver på VM i Starbåt.

1978
"Midnight Sun" med Magnus Olsson och Roger Nilson vinner Two Ton Cup.

1979

”Regnbågen” med Lars Nylinder och Jörgen Bonde vinner Three Quarter Ton Cup i Danmark. Peter Sundelin och Håkan Lindström tar silver på EM i Starbåt och blir fyra på VM.

1980

150-årsjubileet manifesteras bland annat med en utställning på Sjöhistoriska museet och ny mast utanför Klubbhuset i Sandhamn. Rolf Häggbom med sonen Jonas vid rodret tar EM-guld i J24-klassen i Poole, England.

1981

Två båtar med enbart kvinnliga besättningar startar i Gotland Runt. Det är ”Diana”, en Swan 41, och ”Qumlan”, en Albin 85.

1982

Klubbhuset i Sandhamn säljs.

1984

Fem kungliga segelsällskap stämmer möte. Det blir den första Vikingaträffen. Deltagande sällskap är KSSS, KDY, KNS, NJK och GKSS.

1989

Farritade ketchen ”The Card” med proffsseglarna Roger Nilson, Gunnar Krantz och Magnus Olsson seglar Whitbread Round the World Race under KSSS flagg. Hon kommer femma bland annat efter att ha tappat mesanmasten vid starten i Auckland. En ny kappseglingsregel introduceras i Gotland Runt. Det är IMS-regeln. Denna sommar anordnar Sällskapet den första eskadern till Baltikum sedan andra världskriget. Målet är Tallinn.

”Stiltjen blåste tjejerna på segern”, löd den ursprungliga bildtexten till detta tidningsreferat från Gotland Runt 1981, där två båtar ställde upp med enbart kvinnliga besättningar. – Lite snopet med stiltjen, kommenterar ”Dianas” besättning. Det tog oss elva timmar från Almagrundet till mål.

”The Card” efter en olycklig kollision med DH-båten ”Puls” vid starten av Gotland Runt 1989.

intrum

1991
Leif Carlsson vinner VM 6mR i Torquay, England.

1993
KSSS startar TFO Center, Träna För OS. Det är ett samarbete mellan KSSS och Svenska Seglarförbundet. Verksamheten förläggs till Saltsjöbaden.

1994
Fredrik Lööf slår igenom på allvar i Finnjolle och vinner VM. Han återupprepar segern 1997 och 1999. Fredrik har dessutom tre EM- och ett OS-brons (Sydney 2000) i samma klass. "Intrum Justitia" tar tredjeplatsen i Whitbread Round the World Race.

1995
Gutta Johansson vinner VM i 11:Metre och KSSS-ordföranden Carl-Gustaf Piehl vinner VM i 6mR i Sandhamn.

1996
Intresset för kappseglingar i den lilla enmanskölbåten 2.4:a växer. Peter Norlin är en av dem som satsar i klassen och han blir världsmästare. Stefan Winberg blir världsmästare i klassen 11:Metre.

1997
Sällskapet firar sina hundra år i Sandhamn. Där arrangeras jubileumsseglingar med gamla och nya båtar och kunglig bankett. KSSS startar Matchracing-verksamhet i Saltsjöbaden med organiserad träning i J80-båtar.

1998
Medlemsantalet i KSSS ökar och är för första gången över fyratusen. Sällskapet expanderar också på andra områden: Klubbhusområdet i

Motstående sida: "Intrum Justitia" under Whitbread, 1993/94.
Ovan: Fredrik Lööf jublar efter OS-bronset i Finnjolle i Sydney 2000.

KSSS firar 100 år i Sandhamn 1997. Kung Carl XVI Gustaf deltog på en av båtarna. Många gamla fina veteranbåtar fanns med.

Ludde Ingvall vinner Sydney Hobart Race 2000 med "Nicorette".

Malin Millbourn tog VM-guld och EM-silver i Matchracing Damer 2003.

Saltsjöbaden förvärvas och man övertar driften av konfirmationsön Långholmen i Furusundsleden. "EF Language", med Mange Olsson och Klabbe Nylöf ombord, vinner Whitbread Round the World Race. Svenske skepparen Gurra Krantz tar bronsplatsen med båten "Swedish Match".

1999
Fredrik Lööf vinner VM i Finnjolle för tredje gången. Tom Zimmermann världsmästare i 11:Metre för andra gången. KSSS anordnar IMS-SM i Sandhamn för första gången. Fredrik Lassenius vinner VM i Laser Radial och SM i Laser.

2000
Fredrik Lööf tar brons i Finnjolle vid OS i Sydney och kung Harald av Norge vinner SM i havskappsegling i Sandhamn. Den nybyggda anläggningen på Långholmen invigs den 26 maj av H.M. Konungen i närvaro av H.M. Drottningen. KSSS arrangerar totalt 34 kappseglingar under året. Ludde Ingvall vinner Sydney Hobart Race.

2001
Fredrik Lööf satsar på en ny båtklass och vinner såväl EM som VM i Starbåt. Team Lindqvist–Tempelman–Nilsson vinner EM i Matchracing. Och Mikael Olesen blir världsmästare i 11:Metre.

2001
Fredrik Lööf vinner såväl EM som VM i Starbåt. Team Lindqvist-Tempelman-Nilsson vinner EM i Matchracing. Mikael Olesen världsmästare i 11:Metre.

2002
Antalet medlemmar fortsätter att stiga snabbt. Nu är siffran femtusen och över trehundra aktiva deltar i träningsverksamheten i Saltsjöbaden och Djursholm. Framgångarna under året är stora: Kalle Suneson vinner EM och tar silver i VM (Laser). Fredrik Lööf vinner EM (Starbåt). Arne Sjöberg vinner VM (11:Metre). Stellan Berlin vinner VM (2,4-M). Arvid Claeson vinner Junior-EM (E-Jolle).

2003
Malin Millbourn vinner VM-guld och EM-silver i Matchracing Damer. Carl-Gustaf Piehl vinner VM i 6-M med "Notorious" för andra gången, nu i Frankrike. Björn Hansen tar brons på VM i Matchracing.

2004
OS i Aten blir en besvikelse för favoriten Fredrik Lööf som slutar på tolfte plats i Starbåt. Carl-Gustaf Piehl vinner EM för 6-M på Sardinien. Ludde Ingvall vinner Sydney Hobart Race. Tom Löfstedt vinner Jubileumsregattan i Saint-Tropez, den största regattan någonsin i Drakklassen med ett deltagarantal på hela 282 båtar. Kalle Sunesson vinner sitt nionde SM i Laser. Optimist-EM arrangeras i Sandhamn.

2005
"Orange" slår nytt världsrekord jorden runt utan stopp på femtio dygn med Roger Nilson som navigatör. KSSS fyller 175 år.

EM för optimistjollar i Sandhamn 2004 är ett av KSSS största internationella tävlingsarrangemang sedan OS 1912.

"Academy" med skepparen Knut Frostad var snabbaste trimaran i den vindsnåla Gotland Runt-regattan 2005.

BILDKÄLLOR

Siffra hänvisar till sida

Omslag, 8, 11, 20, 40, 52, 65, 66, 70, 86, 116, 117–118, 125, 133, 147, 170, 219 (undre): Jeppe Wikström
Omslagets baksida, 34, 190: Privat ägo, M Thorsell
4, 18, 38: Havsörnarna, Saléns arkiv
5, 53, 54–55, 56, 61, 85, 91, 92–93, 130–131, 221 (lower): Daniel Forster
6, 15, 16, 41, 49, 57, 74–75, 77, 94, 134, 136, 138, 141, 142, 148, 172, 184, 185, 221 (övre): Oskar Kihlborg
7: Lonäs, Åhlén&Åkerlunds arkiv, Pressens Bild
9: Len Waernberg, Åhlén&Åkerlunds arkiv, Pressens Bild
10: Hagert, Åhlén&Åkerlunds arkiv, Pressens Bild
12: Privat ägo, T Andersson
13: O. Norberg, Åhlén&Åkerlunds arkiv, Pressens Bild
14, 79, 194–195, 202 (övre), 210 (undre), 212 (övre): Åhlén&Åkerlunds arkiv, Pressens Bild
17: Lennart Edling, Åhlén&Åkerlunds arkiv, Pressens Bild
19, 58–59, 121, 122, 176, 181, 186, 187, 218: Rick Tomlinson
24, 27, 28, 37, 196 (undre): Sjöhistoriska museet
30–31, 32, 33, 62, 78, 198–199, 201, 202 (undre), 203, 204, 205: KSSS arkiv, Sjöhistoriska museet
36: O. Norberg, KSSS arkiv, Sjöhistoriska museet
39: Piraternas arkiv
42, 48, 128: Malcolm Hanes
44: Bert Mattsson, Pressens Bild
45, 71, 73, 216 (undre): Reijo Rüster
47, 216 (övre): Lennart Isaksson, Pressens Bild
51, 69, 89, 189: Lennart Hyse
80–81: Olle Seijbold, Pressens Bild
82: Sven-Erik Sjöberg, Pressens Bild
96–111: Roland Svensson
112: Mikael Reuterswärd, Pressens Bild
115, 167, 211, 212 (undre): Pressens Bild
120: Privat ägo, Christine Salén
123, 126–127: Thierry Martinez
139: Björn Larsson Ask
144, 157: Göran Hallberg
151, 152–153, 154: Privat ägo, Inger Alfvén
158, 168: Privat ägo, Fredrik Lööf
161, 162, 163–164: Berth Höjer
169: Jonas Ekströmer, Pressens Bild
165: Erik Svensson
178–179: Claus Landmark, Pressens Bild
182: Nokia
192, 196 (övre), 197, 200: Ur KSSS jubileumsbok 1930
206–207: Aeromateriel, KSSS arkiv, Sjöhistoriska museet
208: Stockholmstidningen, KSSS arkiv, Sjöhistoriska museet
209 (övre): ON Foto, KSSS arkiv, Sjöhistoriska museet
209 (undre): Bertil Norberg, Åhlén&Åkerlunds arkiv, Pressens Bild
210 (övre): John Stjernström, KSSS arkiv, Sjöhistoriska museet
213: Hans Malmberg, Pressens Bild
214: Sven-Erik Sjöberg, Pressens Bild
215 (övre): Stewe Andersson, Pressens Bild
215 (undre): Källström, Pressens Bild
217 (övre): Clas-Göran Carlsson, Pressens Bild
217 (undre): Lars Pehrson
219: Jack Mikrut, Pressens Bild
220 (övre): Torsten Blackwood, Pressens Bild
220 (undre): Johan Främst, Pressens Bild

Bildtexter inledning

Omslagsbilden: Gotland Runt. Strid på kniven i lätt vind de sista sjömilen före målgång i Sandhamn.

Sid 4: OS-guldmedaljörer i 6m-klassen i Los Angeles 1932 ombord på "Bissbi": vid rodret Tore Holm, vår mest framgångsrike OS-seglare med fyra medaljer. Till höger storskotshalaren Åke Bergkvist.

Sid 5: Trimaranen "First Hotels" vid Gotland Runt 2001.

Sid 6: Optimistjollesegling, många KSSS-ungdomars inkörsport till seglingens värld.

Sid 7: En föregångare till optimisten, Oscar Plyms "Myggan". Foto från 1945.

Sid 8: Seglarhamn i utskärgårdens förlovade land.

Sid 9: Skaffning i sittbrunnen 1954. Trångt och trevligt.

Sid 10: Till väders i båtsmansstolen ombord på "Fata Morgana" 1950. Före detta flygaren Tore Larsson och Carl Johan Cederlund släpper inte piporna ur munnen i första taget.

Sid 11: Gast i utsatt läge. Calle Hennix längst ut på mesanbommen på "The Card" 1990.

Sid 12 och 13: Banracing nu och då: Therese "Tessan" Andersson i en 420 på Baggensfjärden, till höger en Stjärnbåt i samma farvatten.

Sid 14: Starbåtar i väntan på start. Vy från Skanskobb i Sandhamn 1939.

Sid 15: "J 80"-båtar vid VM i Sandhamn 2004.

Sid 16: Vårrustad seglarstäv, mantåg och rigg i vattenspegel.

Sid 17: Sandhamn 1962: Mr Basil Musenthal studerar praktisk kappsegling ombord på "Dione" före start.

Sid 18: Ombord på skeppsredare Sven Saléns amerikanskbyggda yacht "Bolero" under Bermuda Race 1956. Större delen av seglingen genomfördes i storm; "Bolero" segrade på ny rekordtid, 70 timmar och 11 minuter.

Sid 19: Havsracing i dag: större och snabbare båtar men samma hårda väder.

Sid 20: Swan 37:an "Tarantella" i grov sjö vid Hoburgen under Gotland Runt 1990.